**中国工程院院士**
是国家设立的工程科学技术方面的最高学术称号,为终身荣誉。

# 中国工程院院士传记

# 王光远自传

## 遥远的路

王光远 著

郑州大学出版社
人民出版社

图书在版编目(CIP)数据

遥远的路：王光远自传／王光远著. -- 郑州：郑州大学出版社，2024.3
(2025.7重印)
(中国工程院院士传记)
ISBN 978-7-5773-0240-9

Ⅰ. ①遥⋯　Ⅱ. ①王⋯　Ⅲ. ①王光远-自传　Ⅳ. ①K826.16

中国国家版本馆CIP数据核字(2024)第048402号

遥远的路：王光远自传
YAOYUAN DE LU：WANG GUANGYUAN ZIZHUAN

| 策划编辑 | 崔青峰 | 封面设计 | 苏永生 |
| --- | --- | --- | --- |
| 责任编辑 | 刘永静　吴　波 | 版式设计 | 苏永生 |
| 责任校对 | 祁小冬 | 责任监制 | 朱亚君 |
| 出版发行 | 郑州大学出版社 | 地　　址 | 河南省郑州市高新技术开发区 |
| 经　　销 | 全国新华书店 | | 长椿路11号(450001) |
| 发行电话 | 0371-66966070 | 网　　址 | http://www.zzup.cn |
| 印　　刷 | 河南瑞之光印刷股份有限公司 | | |
| 开　　本 | 710 mm×1 000 mm　1／16 | 彩　　页 | 11 |
| 印　　张 | 14.25 | 字　　数 | 202千字 |
| 版　　次 | 2024年3月第1版 | 印　　次 | 2025年7月第2次印刷 |
| 书　　号 | ISBN 978-7-5773-0240-9 | 定　　价 | 118.00元 |

本书如有印装质量问题，请与本社联系调换。

中国工程院院士王光远

1979年,王光远(左1)在意大利工作访问

1987年,王光远(右1)与首届博士后欧进萍、陆念力、陈树勋在一起

1989年,王光远(中)在英国伯明翰大学访学

1989年,王光远(左)在英国利物浦大学访学

1990年，王光远（1排右2）参加访问学者、博士后出站工作汇报会

1992年，王光远（右）在美国怀俄明大学访学

1996年，王光远（右3）参加全国第五届结构工程学术会议

1996年，王光远（中）参加中国科学院、中国工程院院士大会合影留念

1997年，王光远（前排中）与学生在一起热烈讨论问题

1999年，王光远（前排中）在地方高校调研学科发展建设

2000年,王光远(1排右9)在同济大学参加"九五"国家自然科学基金重大项目"大型复杂结构体系的关键科学问题及设计理论研究"第二次学术交流会暨成果汇报会

2000年,王光远(1排右3)参加四川省推荐2001年高等教育国家级教学成果一等奖项目"石油工程专业的改革与建设"鉴定会

2004年,王光远参加国家工程技术图书馆院士著作馆揭幕仪式

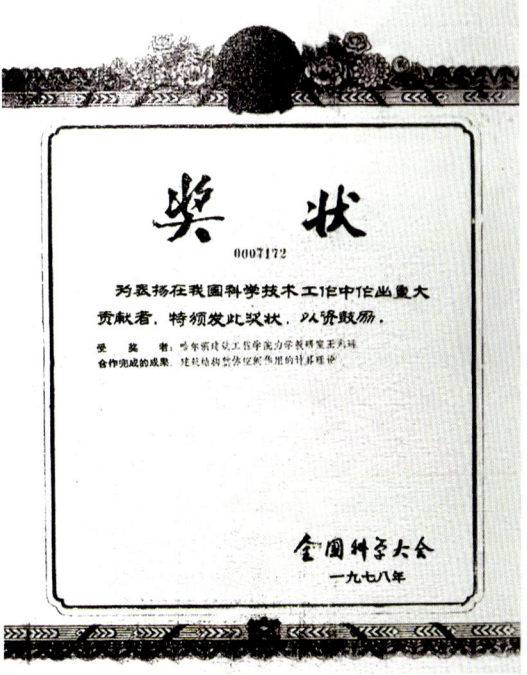

1978年,"建筑结构整体空间作用的计算理论"获全国科学大会奖

1987年,"结构模糊优化设计理论"获国家教育委员会科学技术进步奖一等奖

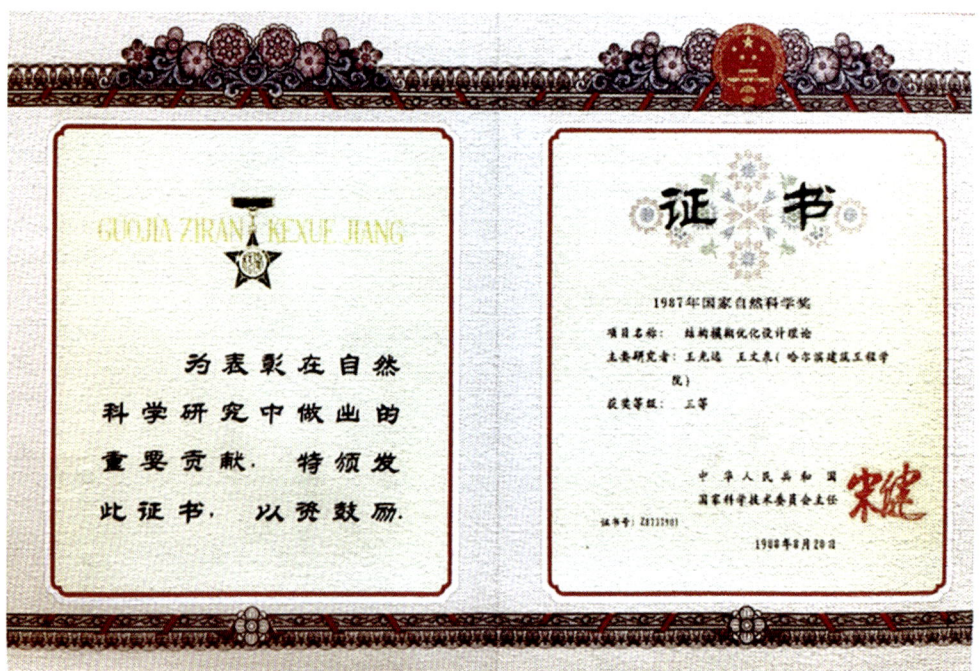

1988年,"结构模糊优化设计理论"获1987年国家自然科学奖三等奖

1993年，"模糊随机振动理论"获国家教育委员会科学技术进步奖一等奖

2008年，"土木工程全系统全寿命优化设计理论"获教育部自然科学奖二等奖

1986年，被城乡建设环境保护部等授予劳动模范光荣称号

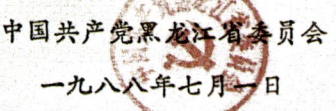

1988年，被中国共产党黑龙江省委员会授予优秀共产党员称号

1990年，被国家教育委员会等授予全国高等学校先进科技工作者称号

1994年，选聘为中国工程院院士

1997年，被黑龙江省人民政府授予劳动模范荣誉称号

1956年，与家人合影留念

1968年，与家人合影留念

1977年，与母亲和四个妹妹合影留念

1989年，与夫人叶崇敏在英国利物浦

1998年，与夫人叶崇敏金婚纪念

# 中国工程院院士传记丛书

**编辑出版工作领导小组**

顾　问：宋　健　徐匡迪　周　济
组　长：李晓红
副组长：钟志华　蒋茂凝　邓秀新　辛广伟
成　员：陈建峰　梁晓捷　罗莎莎　唐海英
　　　　丁养兵　李冬梅

**编辑和审稿委员会**

主　任：辛广伟　罗莎莎
副主任：葛能全　唐海英
成　员：梁晓捷　吴晓东　赵　千　常军乾
　　　　侯　春

**编辑出版办公室**

主　任：赵　千
成　员：侯　春　张丽四　龙明灵　蔡昌金
　　　　方鹤婷　姬　学　高　祥　何朝辉
　　　　宗玉生　张　松　王小文　张秉瑜
　　　　丁　宁　聂淑琴

# 总 序

20世纪是中华民族千载难逢的伟大时代。千百万先烈前贤用鲜血和生命争得了百年巨变、民族复兴，推翻了帝制，肇始了共和，击败了外侮，建立了新中国，独立于世界，赢得了尊严，不再受辱。改革开放，经济腾飞，科教兴国，生产力大发展，告别了饥寒，实现了小康。工业化雷鸣电掣，现代化指日可待。巨潮洪流，不容阻抑。

忆百年前之清末，从慈禧太后到满朝文武开始感到科学技术的重要，办"洋务"，派留学，改教育。但时机瞬逝，清廷被辛亥革命推翻。五四运动，民情激昂，吁求"德、赛"升堂，民主治国，科教兴邦。接踵而来的，是国民大革命、10年内战、14年抗日战争和解放战争。恃科学救国的青年学子，负笈留学或寒窗苦读，多数未遇机会，辜负了碧血丹心。

1928年6月9日，蔡元培主持建立了中国近代第一个国立综合性科研机构——中央研究院，设理化实业研究所、地质研究所、社会科学研究所和观象台四个研究机构，标志着国家建制科研机构的开始。20年后，1948年3月26日遴选出81位院士（理工53位，人文28位），几乎都是20世纪初留学海外、卓有成就的科学家。

中国科技事业的大发展是在新中国成立以后。1949年11月1日成立了中国科学院，郭沫若任院长。1950—1960年有2 500多名留学海外的科学家、工程师回到祖国，成为大规模发展中国科技事业的第一批领导骨干。国家按计划向苏联、东欧各国派遣1.8万名各类科技人员留学，全都按期回国，成为建立科研和现代工业的骨干力量。高等学校从新中国成立初期的200所，增加到600多所，年招生增至

28万人。到21世纪初,高等学校有2 263所,年招生600多万人,科技人力总资源量超过5 000万人,具有大学本科以上学历的科技人才达1 600万人,已接近最发达国家水平。

新中国成立60多年来,从一穷二白成长为科技大国。年产钢铁从1949年的15万吨增加到2011年的粗钢6.8亿吨、钢材8.8亿吨,几乎是8个最发达国家(G8)总年产量的2倍。水泥年产20亿吨,超过全世界其他国家总产量。中国已是粮、棉、肉、蛋、水产、化肥等第一生产大国,保障了13亿多人口的食品和穿衣安全。制造业、土木、水利、电力、交通、运输、电子通信、超级计算机等领域正迅速逼近世界前沿。"两弹一星"、高峡平湖、南水北调、高公高铁、航空航天等伟大工程的成功实施,无可争议地表明了中国科技事业的进步。

党的十一届三中全会以后,实行改革开放,全国工作转向以经济建设为中心。加速实现工业化是当务之急。大规模社会性基础设施建设、大科学工程、国防工程等是工业化社会的命脉,是数十年、上百年才能完成的任务。中国科学院张光斗、王大珩、师昌绪、张维、侯祥麟、罗沛霖等学部委员(院士)认为,为了顺利完成中华民族这项历史性任务,必须提高工程科学的地位,加速培养更多的工程科技人才。中国科学院原设的技术科学部已不能满足工程科学发展的时代需要。他们于1992年致书党中央、国务院,建议建立"中国工程科学技术院",选举那些在工程科学中做出重大创造性成就和贡献、热爱祖国、学风正派的科学家和工程师为院士,授予终身荣誉,赋予科研和建设任务,请他们指导学科发展,培养人才,对国家重大工程科学问题提出咨询建议。中央接受了他们的建议,于1993年决定建立中国工程院,聘请30名中国科学院院士和遴选66名院士共96名为中国工程院首批院士。于1994年6月3日,召开了中国工程院成立大会,选举朱光亚院士为首任院长。中国工程院成立后,全体院士紧密团结全国工程科技界共同奋斗,在各条战线上都发挥了重要作用,做出了新的贡献。

中国的现代科技事业比欧美落后了200年,虽然在20世纪有了巨大进步,但与发达国家相比,还有较大差距。祖国的工业化、现代化建设,任重道远,还需要数代人的持续奋斗才能完成。况且,世界在进步,科学无止境,社会无终态。欲把中国建设成科技强国,屹立于世界,必须持续培养造就数代以千万计的优秀科学家和工程师,服膺接力,担当使命,开拓创新,更立新功。

中国工程院决定组织出版"中国工程院院士传记"丛书,以记录他们对祖国和社会的丰功伟绩,传承他们治学为人的高尚品德、开拓创新的科学精神。他们是科技战线的功臣,民族振兴的脊梁。我们相信,这套传记的出版,能为史书增添新章,成为史乘中宝贵的科学财富,俾后人传承前贤筚路蓝缕的创业勇气、魄力和为国家、人民舍身奋斗的奉献精神。这就是中国前进的路。

宋健

2012年6月

# 漫谈人生

(自序)

"生命"是迄今人类仍然无法理解的神秘现象,也是人类刚刚开始积极研究的性质完全不同的另一种"科学"。这项研究的成果是无法预料的,随着人们对生命真相认识的提高,它必将极大地改变人类对宇宙、人生、幸福的看法,改变人们对自己人生历程的安排。

迄今为止,人们都是在对生命真相一无所知的情况下诞生到这个物质世界的。那么,就事论事,我们应该如何度过自己的这段可贵的"人生"呢?这也就是"人生观"所要解决的问题。九十年的人生历程使我对这个重大的问题有了一些自己的看法。

人生观问题的一个核心就是幸福观。每个人的一切活动都是在追求幸福,只不过具有不同人生观的人对幸福的理解不同而已。革命者认为为了追求某种政治目标而坐牢、受刑、抛头颅、洒热血是一种最高的幸福;苦行僧认为今生受苦和行善是为了来世的幸福;资本家认为个人企业的发展就是幸福;守财奴认为金钱的积累就是幸福;教师们认为培养出优秀的学生就是幸福;科学工作者认为学术上的创造是最大的幸福。人为了追求这些幸福而不辞劳苦,甚至不惜牺牲。从甘愿付出这个角度来看,这种劳苦和牺牲对他们来说是追求幸福的过程,因而在心理上也是一种幸福。

一切真正的幸福都应包括两个方面:奉献和取得。没有奉献的取得就是掠夺,会受到良心的谴责而得不到真正的幸福。没有取得的奉献是一种空想或短期的偶然行动,不可能持久;更彻底来说,没有取得就不能维持生命,更谈不上做出贡献。

对人生来说,"奉献"是创造生活,"取得"是享受生活。因此,人生的意义就是创造生活和享受生活,而生活的艺术就是创造和享受最佳协调。让我们在勤奋工作之余,尽情地享受生活吧!

在创造生活方面,每个人奉献的大小不可能是相同的,这里面除了勤奋和天分以外,更重要的是机遇。每个人的机遇不同,因而只要有奉献的精神并尽了自己最大的努力,就可以问心无愧。我的一生是幸运的,少年时代受到了各种锻炼,青年时代遇到了好的老师和较好的学习环境,中老年时代遇到了一批优秀的学生和良好的科研环境。虽然在我精力最旺盛的岁月里,遭遇到十年蹉跎,但是勤奋+奉献+机遇能使我为党和人民做出一些贡献。

在享受生活方面,物质因素是相对的,可以根据自己的经济条件适当处理,应该与自己的过去相比,只要不断有提高,就应该知足,知足则常乐。千万不要与别人的物质生活作横向的比较,因为这种要求将是无止境的,永远得不到满足。人生的最大享受在于人们的真诚相爱,要从爱情、亲情、友情中去享受生活,这样才能充分体会真、善、美的人生。

# 目　录

**求学：艰难而幸运的历练** ·········································· (1)

　　苦难童年 ······················································· (2)

　　艰难求学 ······················································· (9)

　　国立中学 ······················································ (14)

　　国仇家恨 ······················································ (18)

　　师恩难忘 ······················································ (25)

**育才：化深奥生涩为言简意赅** ···································· (33)

　　过教学关 ······················································ (36)

　　调整土木系专业 ·············································· (39)

　　得英才而教之，不亦乐乎 ···································· (43)

　　桃李芳菲 ······················································ (48)

**科研：在解决矛盾中创新** ········································ (55)

　　科研选题与科研方法 ········································· (57)

　　建筑结构整体空间作用的计算理论 ························· (66)

　　结构模糊优化设计理论 ······································ (67)

　　模糊随机振动理论 ············································ (68)

　　未确知数学 ···················································· (70)

工程大系统的全局性优化理论 …………………………… (72)
　　工程软设计理论 ………………………………………… (73)
　　正确的思想方法和科研方法 …………………………… (76)

**生活**：和谐的家庭是前行的温馨港湾 ………………………… (85)
　　喜结连理 ………………………………………………… (86)
　　幸福家庭 ………………………………………………… (91)
　　历经磨难 ………………………………………………… (99)
　　迟来的春天 ……………………………………………… (103)
　　欢娱晚年 ………………………………………………… (107)

**附录：**
　　学生及家人心目中的王光远 …………………………… (111)
　　王光远院士学术思想和科学家精神座谈会(摘录) ……… (167)
　　厚德生光　博学致远——记王光远院士 ……………… (179)
　　王光远大事年表 ………………………………………… (189)
　　王光远主要论著 ………………………………………… (197)

**后记** …………………………………………………………… (213)

**编后语** ………………………………………………………… (215)

# 求学：
# 艰难而幸运的历练

这部分是我青少年时期的经历。

人们都说"童年是幸福的"。不错,我的童年也是幸福的,慈祥的祖母,亲爱的妈妈,关心我的父亲,几个亲我爱我敬我的妹妹。但在彼时天灾人祸蹂躏下的中国,老百姓们,包括儿童,连安定都不可得,哪有真正的幸福可言!

我的少年时代是一段艰难困苦自我奋斗的岁月。为了进入第一个有公费的国立中学,13岁的我独闯甘肃;为了见父亲一面,我忍饥挨饿,5天跋涉了600里山路和河滩。

我的青年时代是幸福的,高中、大学都为我提供了很好的学习条件。特别是在大学,在抗日战争的困难条件下,还享受了舒适的物质生活。而最大的幸运是我遇到了恩师孟昭礼先生,他的教导使我终身受益,他给我安排了为科学献身的事业和道路。

在整个青少年时代,我遇到了不少可爱的女孩,最终得到一个非常美满幸福的婚姻。我感谢上天的恩赐!

我的青少年时代是艰辛而又顺利,悲痛夹杂着愉快的复杂路程。

## 苦 难 童 年

1924年3月25日,我出生于河南省温县南韩村,那是位于太行山脚下黄河之滨的一个美丽的地方。南韩村在县城以北15里,约有二三百户人家,几乎全是农民,村东有一条小溪,村里有两个池塘。村呈东西向狭条形,前后只有两条街。在村中央有一个庙,是村里的小学校。庙里还有一个戏台和看戏的地方,那就成为小孩子们游玩的操场。县城在黄河北面,离河大约二三十里,河边有几道低矮的"大堤",河北岸是一片平地,因而常常被黄河淹没,县城到黄河之间基本上是一片黄沙,间或有小片农田。给我很深印象的是那里种着很多我非常喜欢吃的花生。

据说多年以前,我们那一带遇到连年大旱,人都死光了,政府从山西省洪洞县迁来大批移民,我们那里的人都说自己老家是洪洞县大槐树。这有两种可能:一种说法认为大槐树是洪洞县一个区的地名;另一种说法认为大迁移时,人们被指定在某一大槐树处集中出发。总之,这一带的人是从山西省迁移过来的,大概不会出错。

据说祖父曾作为军阀的幕僚,在陕西省北部榆林县做过短期的县长,深得人心,被群众立庙纪念。我很小的时候家里开过一个油坊,生产花生油,我还朦胧记得家里院中堆着很多花生,属于多粒细长的品种。当我真正记事以后,那个油坊由于赔钱就关闭了,家里只有十几亩地,生活很不宽裕。

父亲王少苍非常喜欢读书,但因经济困难不可能上中学和大学,经过努力考取了省城的河南开封①高级师范学校,上师范既可以不交学费,而且还可按月领取助学金。父亲完全依靠自己的力量从高级师范学校毕业,成为我们村里最有学问的人。毕业后,他在开封第三小学做语文教员,每月能收入三十来个银圆。

虽然我外祖父曾经留学日本,是个维新式的人物,但我母亲却没有读过书。外祖父曾做过县长之类的官,后涉嫌偏袒共产党而被国民党政府投入监狱多年,在我十一岁的时候才被放出来,以后似乎也没有做过什么事,所以生活也很困难。新中国成立以后,共产党把他看作民主人士而委任为温县政协主席,后由于个人问题,他思想苦闷,投井自杀。外祖母是贤妻良母型的家庭妇女,在我很小时,她就因病逝世。据我母亲说,我和外祖母的感情特深,当时我虽然只有两岁,已知道为她的死而伤心。

---

① 开封以前为河南省省会,1954年河南省省会由开封迁往郑州。——编者

1982年，父母在河南郑州的合影

我的童年是在兵荒马乱、天灾频发的年月里度过的。当时军阀混乱，土匪遍野，一听说"过兵"或"土匪来了"，人们都纷纷躲藏。在我的记忆中，曾多次躲在麦秆堆里、野地里，有时还躲到亲戚家里，最常去的就是离我家只有二三里地的外婆家。

天灾有各种各样，最常发生的就是旱灾。旱灾时几个月不下雨，庄稼和草都晒焦了，人们向"龙王"祈雨，实际上就是乞命。即使正常的年景，也是靠从井里打水浇地。"粒粒皆辛苦"从小就深深印在我的脑海里。

其次就是黄河泛滥造成的水灾，我的记忆中，黄河水从来没有淹到南韩村，但多次水围县城。在黄泛区，水灾过后，大量泥沙掩盖荒野，庄稼树木被一扫而光，有些房屋只有屋顶露在沙层之上。

有时还发生蝗灾，蝗群遮天蔽日，如果你把帽子抛到空中，帽子落地时里面就会有好几只蝗虫。蝗虫过处寸草不留，蝗群吃了一片又一片，一路飞去，造成庄稼颗粒无收的蝗灾带。蝗虫过黄河时抱成大团，自动滚到河里漂向对岸,大球团外皮自然要淹死一些蝗虫,但大部分蝗虫将在黄河另一岸继续施虐。在这种灾难面前,当时的人们只会烧香叩头,乞求"蝗爷"饶命。

在天灾人祸面前,人们是多么脆弱啊!

我五岁以前非常瘦弱,经常肚子痛,母亲整天给我揉肚子,我心里很烦躁时,母亲就像扛钱褡裢似的把我扛在肩上到处串门,每到一家待不了几分钟,我就闹着要走。实在没有办法,祖母把我带到孟县①姑母家求人给我扎火针,就是在我的肚子上插进一根长的烧红的钢针。今天想起来仍然后怕,这太危险了,它可能扎坏我的内脏。但奇迹出现,这居然治好了我的肚痛病,而且直到今天我没有再害过肠胃病。不过这一针在我的肚脐旁边留下了一个小的瘢痕,好像我有两个肚脐似的。

在姑母家里我平生第一次吃到糖块,心里感到真奇怪,天下居然有这样好吃的东西,还第一次吃到芝麻酱和白糖,大伙跟我开玩笑,说芝麻酱是"溏鸡屎"。

六岁时(1930年),祖母送我去上学。那还是个"新式学堂",一开始就学"开学了、小狗跳、小猫叫……"之类的"国语"和阿拉伯数字的"算术",后来还加上"常识",学校里只有几个老师。在上学的路上,我最怕的就是凶恶的狗和一个中年人,他每见到我就拿罗圈胡子扎我的脸,非常痛,所以我常常要求祖母送我上学。

我在班上年龄最小,大的有十来岁。一开始我的学习成绩处于中流。我非常羡慕那些大孩子成绩好,心里想他们为什么都那么聪明,后来我的功课也逐渐好起来。三年级结束时,县里有一次初小的统考,各区的孩子们集中到区的中心小学参加考试,结果我得到了两串钱的奖金,还有报喜队的人吹着喇叭,拿着红喜帖到我家报喜,并把喜

---

① 今孟州市。——编者

帖贴在家门口,全家人都高兴得不得了。这是我第一次也是最后一次享受到封建科举时代那种由于考中而送喜报的光荣和喜悦。但那时才小学三年级,就算四分之一个秀才吧!

上学后思想开了窍,脑子里常常想问题。例如夏天躺在晒谷场上,仰望天空就会想到"星星是什么?什么东西把它们挂在空中而不掉下来?天有多高?地有多大?天外是什么?太行山后面是什么?太阳落山后到哪里去了?为什么太阳落山时变得又红又大?……"想来想去也得不出答案。我从小有个习惯,爱自己想而不喜欢问人,但喜欢看书。

就在我上小学后不久,村里在我家办了一个女子小学,我伯母是唯一的教员。伯母是有名的才女,所以孟县的一个亲戚还把他的女儿送来读书,当然就住在我家里。我就在这群小女孩的欢笑声中过了两三年愉快的生活,这就是我特别喜欢女孩的原因,因而后来成家之后,我有三个女儿,这让我很高兴。

三年级时我有了一个强烈的愿望,就是随父亲到省城开封去读书。父亲嫌麻烦,不愿带我,也有经济的原因。我父亲一直是单身在开封教书,若带着一个九岁的孩子自然很不方便。我"威胁"父亲:"如果你不带我去开封,下学期我就不上学了,即使上学也不读书。"闹腾了几天,在我答应乖乖听话,不给他添麻烦的条件下他才答应了我的要求。这是我人生中一次有重要影响的变化。

在去开封的路上我非常兴奋。这是我第一次看见黄河,浩浩荡荡,波涛滚滚,简直是无边无沿的洪流,这样多的水是从哪里来的?这时在我的意识里很自然地产生了后来才知道的李白名句"黄河之水天上来"的感觉。

好大的木帆船,看来能坐上百人,水手们与黄河搏斗的形象使我振奋,但木船在黄河波涛中就像一片渺小的树叶一样俯仰、摇摆、旋转,又让我非常害怕,一直到船靠了南岸心里一颗石头才落了地。这给我留下深刻的印象:"只有不怕艰险,努力拼搏才能前进。"

过了黄河,前面就是横穿邙山的二十里山路。到氾水火车站已经天黑,半夜里来了火车,看不清什么样子,就感觉是随父亲进入了一个木头房子,这房子被什么东西拉着往前走,很响的车轮声使我感觉到它是一辆快速前进的车。天亮时到了开封,下了火车才看到了它的全貌。这是我第一次与较现代化的生活接触,深深感到人类的伟大,科学为人类造福的能力。

到了开封,一切都是新奇的。父亲给我4分钱,让我到邮局寄封信,我把信投入信筒,却把买的4分钱邮票带回家。学校的楼房,街上跑的汽车,商店里的玻璃橱窗,琳琅满目的商品,都使我惊奇。但最使我惊奇的是电影。父亲带我看的第一部电影是黑白、无声的中国影片——《火烧红莲寺》。一个薄薄的银幕上,人的影像居然会动,房屋的影像居然会被燃烧,这是多么好玩而又不可思议啊!人,真是聪明的动物,科学真是万能。

在开封第三小学,我和父亲住在教师宿舍,都是平房。一座房只有三小间,左右两小间各住一个教师,中央的一间作为公用。我和父亲睡在一张床上,共用一个书桌。我们都在食堂吃饭,我每月交4块钱,在我当时的印象中,吃得真好!

我在四年级插班,省城的学校比村里的学校自然要好很多,在班上,我一下子又从好学生变成中等学生。但一年以后,从五年级开始我就没有出过前三名。父亲对我的学习是满意的,这中间母亲曾到开封住过一段时间,我们在学校附近一个很偏僻的街上租了一个房子,似乎只有一间屋。母亲在开封医治了她非常严重的沙眼。

在我小学快毕业的时候,父亲通过一次考试和短期的学习便回温县做县教育局局长去了。我们住在开封三小里,那时,在开封我有两家亲戚:一家是我的亲姑母,姑父在一个中学里教英语;另一家是我的远房堂婶,我叫她五婶,但五叔一直在南韩村干农活,他们并不生活在一起。五叔实在配不上五婶,五婶在开封三小教图画,很高雅的一位女知识分子。五婶有一个很美的、可爱的妹妹与她住在一起,比我还要小两岁,她叫郭冬冬,也在开封三小读书。五婶很喜欢我,所以我常常到她家去玩,可惜抗日战争开始以后,五婶一家逃到四川,我就再也没有见到过她们。

1936年暑期,我考取了开封初中。它是当时河南省最好的初级中学,可以住校,而且不收任何费用。所以我只报考了这个中学,其他学校都没有报名。这显然是一个很大的考验,因为考生中只有二十分之一才能被录取。

我被开封初中录取,而且名列前茅,我全家和亲戚们都非常高兴。我首先就是到五婶家报喜,五婶高兴地说:"我早知道光远最有出息。"从此对我更加喜爱。

我自己看榜时,在兴奋之余,也陡然自我感觉身价百倍,甚至走在大街上都怕汽车把自己这个"才子"轧死。就在我扬扬得意进入开封初中后,很快就遇到一个未曾预料到的困难。在我们之前,小学五、六年级也学英语,可到我读时却被取消了,开封三小从我们班就开始执行这个取

1936年,中学时代留影

消的规定,所以我连英文字母都没有看见过。但很多学校并没有这样做,大部分新生都学过英语,所以老师一开始就教造句、语法等等。第一次月考后,英语老师在班上宣布:"我们班上有一个白痴。"大家都知道说的是我,这严重地打击了我的自信心。一个英文单词我读写几十遍都记不清,前两个学期英文都要补考,但是就在那两天,数学和语文

老师都在班上说我是最好的学生,每次数学考试我都得到满分。

这件事打击了我,使我一直认为我对外语低能,直到15年以后我学习俄语时,才克服了这种自卑感。但这件事也教育了我,使我认识到作为一个教师,一言一行对学生的影响之深。所以,虽然我一辈子的工作都是在大学教学,但我从来没有打击过任何一个学生的自尊心,任何时候我都是鼓励学生,从积极方面指导他们克服困难,做出成绩。

## 艰难求学

1937年日寇侵华战争全面爆发,卢沟桥事变后敌寇的铁蹄迅速向南推进,逼近黄河,在此紧急情况下,学校宣布解散。就这样,我在初中二年级就结束了平静的学习生活,开始了艰难的自我奋斗。

学校解散,我只好回到家乡。当时父亲在本县做县教育局局长,我回到家中,家里也正在讨论"应变"的问题,简直是走投无路,因为如果父亲继续留在县里,就只能做汉奸为敌效命,他宁死都不会选择这条路;如果举家逃难,经济上无法解决,可能饿死异乡。回家种地又没有劳动力,当时祖母已逾古稀之年,我才13岁,下面还有三个妹妹,靠父母二人种家里的十几亩地糊口实在太困难了,但这已是最后唯一的出路。

这也使我处于极度痛苦的彷徨之中。不,我才13岁,我不能在日寇占领下回家种地,我要读书。在科学救国、教育救国思想的引领下,学习科学是我唯一的追求目标,我甘愿冒一切风险,为这个目标全力奋斗,甚至受苦受难,于是我提出了只身向西北逃难的要求。父母都嫌我年岁太小,只有13岁,认为这对我过于危险,但经过我再三坚决的请求,他们终于被我的诚意所感动,最后决定让我与比我大一岁的表哥跟一个经商的堂姐夫一起上路,随命运去摆布吧。临走时,妈妈在我的棉被里塞了 100 元纸币。这可能是当时家里仅有的现金的一大部分，因为父亲省吃俭用的一点积蓄也被银行冻结了，后来成为废纸。

逃难的人很多，首先遇到的困难就是强渡黄河，虽然我们都买了船票，但挤不上船。在我幼小的眼睛里，波涛汹涌的黄河非常吓人，南岸的邙山隐约可见，但好像是在非常遥远的天边。经过拼命地拥挤，我和表哥上了小木船，但堂姐夫忙着帮助我们，他自己却没有挤上来，一直到太阳都落山了，他才乘另一只木船过了黄河。

漆黑的夜里，我们一脚高一脚低地穿过邙山到了汜水火车站，二十来里的路走了一夜。火车上挤满了人，我和表哥只能坐在车厢外面的车顶上，人们臂挽着臂以免从火车顶上掉下来。堂姐夫还带了个自行车，上不去火车，为了省事省钱，他决定骑自行车赶路，没想到由于火车的速度很慢，而且逢站必停，一站就是几十分钟，所以堂姐夫骑自行车居然也能紧紧地跟着火车前进。

坐在车厢外的车顶上，时时提防摔下来，不敢合眼，车又走得如此之慢，其苦可想而知，但没有想到的是还有更大的苦难在等着我们。在潼关附近有个隧道，火车进入隧道后竟然停了下来，而且火车头不停地一股股地冒烟，火车里和火车顶上的人不仅泪流不止，而且像从鼻子和嘴往肚子里吞火。就在我感到就要呛死在这个隧道里的时候，火车才徐徐开动。过了这个可怕的隧道之后，人们才真正认识到空气是多么的甜美，人们尽情地享受着难得的空气，欢庆自己没有被呛死在那个黑黢黢的隧道里。至今我也不知道，这是个机车事故造成的不幸，还是司机开的一个不大不小的玩笑。

不记得经过了多长时间，我们终于到了西安，这个有名的古都是我国西北最大的城市。那时西安有大量从河北、山西、河南来的流亡学生。那是一个投奔国民党或投奔共产党的十字路口。我那时年纪太小，对共产党没有印象，也不愿投靠国民党，天天想的是如何才能上学读书。当时在西安大量招生的单位是国民党的军校和战干团①,容易考,待遇不错,但我认为只有科学和教育才能救国,一心想到普通中学接受正常的教育,不愿投身政治。没有想到这个小小的"纯技术观点"居然使我逃脱了那些陷阱(军校、战干团等),没有成为新中国成立后的历史反革命分子。

学科学只有上普通中学,但是谁供给我生活费和学费呢?只好等机会,可是所带的钱一天天在减少,必须找个工作,在大量难民涌进来的西安,有知识有能力的失业者很多,一个13岁的孩子找工作谈何容易。

天无绝人之路,经人介绍我到虢镇附近的一个农村里去帮一个开粉坊的同乡干活,就是把豆子磨成粉面,然后做成粉条和粉皮。就这样,我便和表哥、堂姐夫分了手。有一天,我在农村很偶然地看到一张西安的报纸,登有我国第一个国立中学的招生启事,专招流亡学生,管吃管住管读书,这真是天上掉下来的美事。我立即乘火车从虢镇赶赴西安,但到达时已经晚了,招生工作已在几个小时前结束,我再三恳求也无济于事,我问他们什么时候再招生,答复是谁也不知道,不过招生人员告诉我,这个学校即将迁往甘肃天水县②。当时在人们头脑里,甘肃是个渺无人烟的不毛之地,我问他们为什么要到那里办学,他们说天水有个大庙,可容纳一千多人,我又问他们到天水后还招不招生,他们说不会再招,因为天水没有流亡学生。

当时我想这是我上普通中学的千载难逢的机会,我必须想尽一切办法挤进去,我决定闯闯甘肃这个不毛之地,只身到天水去找这个国立中学,期望有个侥幸入学的机会。1937年冬天的某一天,我起早辞别了那个粉坊,背着一个小布箱和行李卷,从虢镇登上北边的高岗向

---

① 战时工作干部训练团的简称。——编者
② 今甘肃省天水市。——编者

凤翔县①前进,打算从那里沿一条新开辟的公路进入西去的群山。没想到,走不远就下起大雨,黄土高原的土路既滑且黏,一不小心就会滑倒,脚陷到泥里就半天拔不出来,区区四十里路竟走了一整天,傍晚到达凤翔县时我已成了一个疲惫不堪满身泥水的泥猴。

我是很幸运的,一进小店就碰到了两个中年男子在喝酒,凤翔是出"西凤"名酒的地方,他们看到我这个狼狈的异乡孩子,感到很惊讶。我详细地向他们述说了我的情况,引起了他们极大的兴趣和同情,他们请我一起吃饭,而且告诉我他们是拉货卡车的司机,明天就开往兰州,虽不路过天水,但可以捎一段脚,把我带到离天水六十里路的一个山村,我高兴极了,主动提出给十块钱答谢他们。第二天一早就离开了凤翔县,汽车很快就进入了群山,一条新修的公路,坡很陡,急转弯很多,有些地段非常危险。最初,我坐在车后面拉的货堆上,寒风凛冽,手脚很快就冻僵了,两位司机看我实在受不了,怕把我冻死,主动让我坐进驾驶棚,挤在他俩的中间,这真是救人一命的善行,我非常感激。

那些山都很高,高过一定的水平线就是漫山的雪,在陡坡的地方,车轮飞转打滑,车体并不前进,给车轮加上链子也走得很慢,一天也就是百十里路。在这样的天气走这样坏的路,司机们确实很辛苦。为了替我省钱,他们邀我和他们同住同吃。我既不喝酒,又疲惫不堪,所以很快吃饱肚子就进入了梦乡。这几天我挤在驾驶棚里,虽不走路,但为了不影响司机们工作,我把自己紧紧地缩成一团,所以每天上车不久就窝憋得手脚麻木,似乎比走路还要痛苦。比身体的痛苦更严重的是心理的紧张和恐惧。路上有很多非常危险的地段,有些地方公路紧靠悬崖,有些地方汽车沿陡坡急冲而下,有些陡坡处还有一些急转弯。在危险路段,山崖下留有过去摔坏的汽车残骸,令人触目惊心,两位司

---

① 今宝鸡市凤翔区。——编者

机更是紧张,眼睛里布满了红丝,额上的汗不停地往下流。这个紧张、恐惧、单调、痛苦的旅行持续了五天,在第六天的早晨,汽车到了一个只有五六户人家的山顶小村,我和两位司机依依惜别,我该下车了,他们继续向兰州开去。

山村里的人们看见汽车里下来的一个孤零零的小孩,感到很奇怪,便上来问长问短,我又向他们详细述说了我的情况,他们看见我为读书而如此大胆和辛苦都非常感动,决定派一个二十多岁的小伙子送我到天水,这真是雪中送炭,我为山里人的纯朴善良而感动。

从这个山村到天水六十里路,这段山路曲折陡峭,非常难走,而这个山里的小伙子却健步如飞,我拖在后面一路小跑也赶不上他,常常他转了一两个弯就看不见了,急得我大声呼叫。六十里山路只走了五个钟头,我们便到了天水,住下以后我累得三天都爬不起床来,在床上躺了三天,脑子里却酝酿出一个独幕短剧《祸不单行》,叙述了一家三口在逃难中的一个夜里被强盗劫路的不幸遭遇。实际上,我是想借此短剧申诉我自己的苦难旅程,不过与剧中情节相反,我在逃难过程中遇到的都是好人,否则,他们中的任何一个都可以很容易地在山沟里置我于死地。

半个月之后这篇短剧居然在《天水日报》正式发表,这是我一生中的第一个作品,当时完全不知道投稿的一些规则,只是把稿子投进了报社门口的信箱里,也不知道去要稿费。

我在天水等了四个多月,国立甘肃中学(后称国立第五中学)的一千多名师生才姗姗到达,住在天水城外的玉泉观。

在此之前,我已经写好了一份"万言书",叙述我为了追求这个学校而忍受的一切苦难,表达了一个14岁的无依无靠的流亡学生对读书的渴望。学校师生到达的第二天我就去找校长查良钊先生(他是金庸先生的族兄)。查良钊先生五十多岁,有一个硕大的光秃秃的头和一副和善的面孔,我很胆怯地向他呈上了我的"万言书"。他很快地浏览了一下,但显然被深深感动,他拍了拍我的脑袋说:"你受苦了,从明天起每天给你两角五分钱。"这意味着他决定录取我了,因为当时学生的公费是每月七元五角,我就成了他们在天水第一次招的唯一的一个考生。就这样,完成了我这一生旅程中最大的转折之一,我又恢复了相对平静的学习生活,虽然它也是不平静的。

## 国 立 中 学

经过千辛万苦,我终于闯进了设于甘肃省天水县玉泉观的那个国立中学,它是全国第一个国立中学,设立国立中学为的是减少流亡学生流向陕北,所以十几个国立中学在抗日战争结束后全部解散,再也没有出现过新的国立中学。这个学校最初叫作国立甘肃中学,后又改名国立第五中学,为什么第一个成立却成为国立第五中学,大家都搞不清楚。

因为它是全国第一个国立中学,所以政府任命的校长是很有名的教育家查良钊先生,据说他在北京师范大学做过教授,还担任过国民党政府教育部的什么职务,这个学校的教员很多都是北京天津一带的副教授、讲师和助教,也有中学教员,他们都是逃亡到西安后,找不到工作而进入这个学校的。这些高水平的教师开设了很多高水平的选修课,例如我在初中二年级选修的两门课:漫画和天水附近植物研究,后者已具有科研专题小组的性质,研究内容很具体,培养了学生们科研的意识,由于老师说我实在没有绘画的天分,上了几次漫画课我就学不下去了。

但是这个学校的居住条件极其恶劣,它是山坡上一个很大很旧的杂庙,我们就睡在面目狰狞的神像的脚下,有些胆小的同学夜里吓得睡不着觉,不敢出去小便,白天一个人也不敢回屋。没有床,大家睡在麦草铺成的地铺上面,我最怕小虫,一到下雨天,麦草里面爬出各种各样的虫子,蜈蚣、多脚虫、蚯蚓,甚至小的蛇,我吓得根本不敢躺下,有时整夜就在一个很窄的长凳上睡,这真是练出来的本领。后来练得不仅整夜都不掉下来,而且睡得很香。

玉泉观位于山坡上,下雨时路很滑,山坡又陡,行走困难,但也确实锻炼了身体,提高了爬山的本领。上课没有教室,都在树林里,黑板挂在树上,学生每人发一个小板凳,一块木板,学生们坐在小凳上,木板放在膝盖上,它就是书桌,这样的状态维持了几年,直到我读到高中才有了教室和像样的桌子。

学校的伙食还不错,大部分学生没有经济来源,靠公费生活,最初每月七元五角,随着物价上涨,公费不断地得到调整。公费主要用于吃饭,伙食由学生自己管理,不仅能吃饱,而且有时还有肉和鸡蛋。年轻的中学生,又没有钱买零食,所以吃得很多,一顿饭能吃五六个馒头或七八碗面条。听说有的国立中学吃不饱,这是因为各地区物价和条件不同。

公费的节余,即除伙食费外的剩余,就是学生们的零花钱,买点鞋帽、牙刷、纸张、针线等物。每年都发些衣服,虽然穿得很破旧才能换新,但总能起到遮身和不挨冻的作用,没有钱买鞋,春、夏、秋就自己编麻鞋,鞋底是用麻编的,最初鞋面只是几条麻绳,麻太硬磨脚,我们就改用破旧衣服撕成的布条和麻一起来编,夏天穿起来还蛮舒服。

国立中学最大的问题就是学生们普遍存在的思乡、苦闷情绪和思想不定,因为学生全是流亡学生,有些全家都在沦陷区[1],有些父母在蒋管区[2]其他地方,只有极少数学生的家长在天水。晚上,靠几盏豆油灯照明,很难学习,学生们只好天南地北地瞎聊,但初期主题总是想家,怀念亲人,只要有人唱起"我的家在东北松花江上,……"之类的歌

---

[1] 沦陷区指被日本侵占的地区。——编者
[2] 蒋管区指当时的国民党统治区。——编者

曲,就会引起整屋子里的人痛哭流涕。

学生们思想不安的表现就是闹事。国立五中的学生大部分来自山西和河北,来自河南的学生的人数排第三位,其他省份的学生就更少了。在旧社会,同乡会是很有号召力和实力的群众组织,国立五中的学潮大多是河北帮与山西帮的矛盾造成的,往往没有什么像样的理由,这个帮反对某一校长,另一帮就支持那个校长,有时甚至动手打群架。闹事就常罢课,但大部分学生不愿参与,属于中间派或逍遥派。有时正在上课,某帮闯进来让大家签名支持他们,大家都签名,等一会儿另一帮闯进来,大家又为另一帮签名,就这样,校长像走马灯似的,隔一两年就换一个。我最怀念的还是第一任校长——查良钊先生,而我最熟悉的却是我在校期间最后一任校长——许莲溪先生。因为我刚到天津北洋大学工作期间,他担任天津市国民党的书记长,常常召集我们在津的国立五中校友聚会,他好像特别欣赏我,很愿意让我陪他的女儿出去看电影和游玩。天津解放时,他们全家仓皇逃亡南方,听说到了台湾。

那时学生闹事很随便。有一次训导主任对学生很粗暴,引起了我和另一同学的不满,我们两个商量要打倒他。那时国立五中有一个不小的礼堂(从前的驻军留下的),礼堂里有个讲台,讲台后有一面粉白的墙,我们两人晚上用黑墨在那面墙上写了很大的五个字:打倒×××,没过几天就换了训导主任。自此,我们两人成了好朋友,也没有受到学校当局的追究,倒是二十五年以后,在"文化大革命"期间调查我那位朋友的专案组曾到哈尔滨向我追查过这件事,我的那个朋友在新中国成立前是地下党员,新中国成立后又从北京大学地质系毕业。我们离开天水后,只是在他还是北大学生时见过一次面,由于我不喜欢参与政治活动,以后就断了音讯。

学生们思想空虚的表现就是早恋,不仅高中生,连初中生男女交朋友的也不少。我入学后不久(初中二年级),听从一个男同学的建议,也交了一个女朋友,一个挺活泼可爱的白嫩的小姑娘,她是我们政治老师的女儿,所以住在自己的家里。我们的感情发展得很快,她陆续给我织了一个毛背心、一副手套和一顶毛线帽子,这些东西在当时抗战后方算是奢侈品了,她父亲也知道我们交朋友的事,不仅没有干预,而且对我很好,常常在考试中给我个偏高的分数。因为她住在自己家里,所以我常在她上学和放学的路上等她,联系很方便,没有课的时候我们常常到山顶上、渭河边、小溪旁、公园里去玩,玩得很开心,谈话很情意绵绵,但在行动上我很胆小,连她的手都不敢摸一下,唯一的一次还是她采取主动,她说要给我织副手套,量量我的手的大小,她把她的小手放在我的手上量来量去,从来没有接触过的温软的小手,使我如醉如痴。我衷心地感谢她对我的信任和给我的浓情蜜意,我更爱她了,但纯粹是精神上的。

仅仅几个月的时间,便有人开始干预。那是国立五中河南同乡会的几个高年级学生,也是开封初中的学长校友,好像预先约定好的,他们把我找去,狠狠地训了我一顿,说我才14岁,谈什么恋爱,连作业也不做,书也不看,这样下去会有什么结果,说我辜负了国家的培养、父母的期待、同学们的关怀,还说我忘记了自己"科学救国"的理想,训得我哑口无言。挨训后我就给女朋友写了一封长信,讲了一番大道理,说我要全力以赴地读书,最后相许大学毕业后再继续交朋友和结婚。女孩接到信以后非常伤心,哭了几次要找我谈谈,被我拒绝了,后来她看见我真是分秒必争地用功读书,才给了我一些谅解。但大学毕业最顺利也还要八年的时间,八年时间会有多少变化啊!

自从和女朋友"暂时"分手以后,如果我稍有懈怠,便会感觉对不起她,受良心的责备,所以我连课间休息的几分钟都用来看书,为了夜间能够看书,我和我的那位男同学在山坡上挖了一个小小的窑洞,里面只能放下一张木板床和一个小书桌,这就是天堂了。我在那个洞里住了两三年,每晚读到深夜。女孩看我那样拼命,很心疼,对我很友好,还为我织了一个毛线帽子,但我们没有再单独谈过一次话。

后来,在高中二年级的时候,她怀疑我与另一位女同学要好,非常伤心,但她没有说过一次责备我的话。不久她也有了一个新的男朋友,就是她后来的丈夫。但是真正的感情是不灭的,十九年以后我们在郑州的一次偶然相遇,使我深深地感到,虽然不再有爱情,但纯真的童稚时期的友情和热情仍然深深地藏在她的心中,当然,也永远藏在我的心中,因为除了感情,我还有一颗永不消失的负罪的心。

由于我拼命地用功,在甘肃省的初中毕业会考中,我获得全省第二名的成绩,并且在高中二年级的时候以同等学力的资格和高分考入了第一志愿的大学。但是这样做,我和她在感情上付出了多么大的代价啊!

## 国仇家恨

我的中学和大学生活主要是在抗日战争期间,共产党领导八路军和游击队抗击日本侵略者的英雄事迹,我们在蒋管区一无所闻。作为学生,我们看到的是国民党军队在日寇面前一触即溃,国民党政府的无能、贪污和腐化,人民承受着无边深重的苦难。

1939年,河南省开始连续几年大旱,人民忍受着"水、旱、蝗、汤"四大灾害,其中"汤"就是长期驻扎在河南省的蒋介石嫡系汤恩伯的部队,在日本人面前,这个部队毫无抵抗能力和意识。有一次我在陕西省武功火车站碰到了从河南省溃退下来的残兵,他们听我口音是河南人,便说如果他们能回去一定要把河南人杀光。我问他们为什么如此恨河南人民,他们说日本人追来了,他们向西跑,河南老百姓居然拿机枪扫射他们,在前面阻拦不让他们过去。河南人民是心明眼亮、敌我分明的。大旱期间,人们在吃草根、树皮、观音土(一种白色的黏土),汤恩伯的部队还挨家搜粮食,甚至沿路搜身找粮食,日本人打来了,首先用军车拉运他们的商品和私财,大兵们一方面逃命,同时还奸淫掳掠,河南人民恨极了,夺过他们的机枪扫射他们,真是好样的。

到1941年,河南省已是赤地千里,人们卖儿卖女,老家实在待不下去了,我的父亲、母亲、三个妹妹分批逃到陕西。父亲想先出来找个工作,再设法让家人逃出,但找工作谈何容易。同时父亲把大妹蕴秀带了出来,找了个婆家早早就结了婚。我心急如焚,没有路费,我和几个同学徒步出发了,六百里山路走了五天,到了晚上,脚在流血,腿肿得像发起来的面团,整个身体像散了架一样,但第二天又赶早启程了。

渭河在群山中奔腾前进,群山像海里的波浪一样,一个峰接着一个峰,无边无垠,我们的路线基本上和渭河平行,渭河的支流没有船,只能蹚过去或沿河涉水而行,脚上穿的麻鞋一浸透水就更硬了,所以蹚水时,脚上的血流到水里,成了一条血的细流。那时宝天铁路(宝鸡到天水)已经动工,常常走着走着山腰一声炮响,大小石块顺着山坡滚滚而下,没有被砸死真是侥幸。有一次我在路上方便,落在了同学们的后面,山路拐弯很多,方便完就看不到同学了,赶紧往前赶,在一个岔路口,不知该走哪条路,正在着急,看见一个中年妇女在花椒树旁剪花椒,我问她前面几个青年向哪条路去了,连问两声她都不回答,我以为她是耳背,就靠近她又问,没想到她异常愤怒,反过身来就凶狠地要用剪刀扎我,吓得我不管哪条路飞奔而去,所幸很快赶上了前面的同学,他们也感觉这件事很奇怪。大约又走了十多里路到了一个小镇,镇上居然有女人摆摊卖东西,问了她们才知道,山里仍然是"男女授受不亲",只隔十多里路,风俗和文化程度就有如此大的差异,令人吃惊。

经过五天艰苦的急行军,走过了六百里路到达宝鸡,我们坐上火车向西安急驰,虽然当时火车每小时只走三十里路,已足够使我们又一次深深感到科学技术为人类造福之大。到了西安,同学们就各奔目标,虽已是下午,我又出发了,这是四十多里平路,对我算不了什么,但到了目的地已经是夜间。那是一个大的镇子,驻有一些机关。父亲为了求职暂住在一个朋友介绍的单位里,夜间自然无法去找他,我住进了一个只有一排火炕的小店。第二天我就陷入了绝境,由于该单位拒绝,父亲已经离开了那个镇子去向不明,而我的身上已经只剩下几角钱,连付店钱都不够,我十分着急,一个堂堂的中学生不能沿街讨饭,只好去打工,可是怎样才能找到干活的地方呢? 我在街上来回溜达。哎呀! 天无绝人之路,忽然一个二三十岁的女人拦住我,问道:"你是不是光远?"这真是上帝派来的救星,我连声喊道:"是是是,我是王光远!"原来她是我远房姑姑婆家的一个小姑子,这个姑姑特别喜欢我,我叫她六姑,她婆家离我们村只有二里地,丈夫是国民党的一个军官,经济条件比我们家好。小时候我到过她们家,所以这个小姑子认识我,可是我却完全不认识她了,没想到今天她成了我救急的恩人。她告诉我,父亲已回西安,住在一个亲戚家里,她给了我五元钱,我又立即上路了,心急如焚地返回西安。

在西安我顺利地找到了久别的父亲,他那时也不过三十六七岁,但已显得十分苍老,我和父亲虽然没有抱头痛哭,但心里确实难过得要命,为几年来的苦难伤心。

三天后,父亲让我去宝鸡见见我的伯父,然后回天水,伯父和同乡同村的赵连城在合伙干运送木材的生意,有一个可以勉强住人的破房子,我和伯父、伯母挤着住了几天。伯母心疼我,不愿让我再走六百里路回天水,给我买了一张长途汽车票,这时交通已有所改善。回天水时不再是我初闯甘肃时走的公路,也不再是我回宝鸡时徒步跋涉的路,而是沿着南线经过陇县的一条新路,这样,只两天我就回到了天水。

在西安时,看到家庭极端困难,我向父亲提出不再上学,尽快找工作帮家里人糊口,不然母亲和妹妹们在老家会饿死的。父亲说:"走一步算一步吧!"回到天水,我决心尽快考大学,虽不能大学毕业,搞个大学肄业的名义也是好的,找工作时总比中学生的资格容易些。当时我高中二年级,考大学的同等学力要求一年前读完高中二年级,我不具备同等学力的资格,不久就面临高考报名,我只好请一个会刻图章的同学给我搞个假证件用来报名。他很同情我,商量的结果是由他用肥皂刻一个河南省私立黎明中学的图章。在抗战前开封确实有这么个私立中学,抗战期间不知道搬到什么地方去了,听说没有停办,我就用这个肥皂图章做了一个1941年高中二年级肄业期满的假"肄业证书",顺利地以"同等学力"的资格报了名。

当时一个重大的问题是报哪个学校,考什么专业,按我的兴趣是学数学专业,但学这个专业找工作困难,做个中小学教员待遇也太差,报文科找工作就更困难,而且离我的志愿更远,所以决定考工科。因为当时蒋管区分西南、西北两个大区统一招生,考工科只有报西北工学院,而西北工学院生活特别苦,据说学生们为了抢粥,有人掉到粥桶里,那就更没有公费节余了。我想生活得好一些,更想有点公费节余零花,甚至还想用来接济家庭,这样我决定第一志愿报西北农学院水利系,这既是一个工程专业,学校的生活又好,对我特别合适,它是整个大西北抗战前就存在的唯一的一个大学。

谁都没想到发榜了,整个天水地区没有一个学生榜上有名,招生委员会说天水考区的卷子丢了,后来沿邮路进行调查,发现那些试卷仍然积压在某一小邮局的邮件堆里。结果天水地区迟一两个月才发榜,我按第一志愿被录取了。我在上大学以前小名叫光远,学名叫王姚远,生人常把姚字误念成别的音,使我很难堪。这次填假证书时,我改名为王光远。

进大学后,发现另外一个同学也是用的黎明中学的假证件,不过他的图章是用木头刻的,这让我们两人都很紧张,怕被查出来。后来几经商议,又用他的木图章为我造了一个假证件,使二者一致起来,又托一个同学的姐姐用我这张新的假证件取代了原来的假证件。她在学校的注册科工作,办起来很方便,假图章的事一直让我内心不安,直到我拿到了大学毕业证书,穿上学士服照了相,心里的一块石头才落了地。

在我考大学期间,父亲也考上了一个"地方财政人员训练班",短期受训后被分配到陕西省邠县①做县银行筹备组组长,后做经理。二妹纯秀这时已进入河南难童教养院,在洛阳附近。不久,河南难童教养院迁往陕西省蔡家坡,那是沿陇海铁路车站附近的一个镇子,教养院搬迁途中路过武功,纯秀到西北农学院来看望我,真把我吓了一跳,我几乎不认识她了,用骨瘦如柴来形容一点都不过分。她说她全身长满了疥疮,奇痒难忍,我见到父亲都没有流泪,这时止不住泪如泉涌。

1942年秋,母亲和三妹光莹逃到陕西,随父亲住在邠县。母亲和三妹在未到邠县之前,曾路过西安并在西安南边的户县②的一个镇子里的伯父家住过几天。那时伯父在军校做教官,我提前几天到伯父家等着。在预计她们要到的那两天,我天天在村口张望,我朝思暮想的妈妈啊,经过这些年的折磨会变成什么样子呢?终于盼来了,妈妈和光莹是徒步从西安来到户县的,几乎就没有行李,我老远就看到了她们,飞奔过去,拉着妈妈的手,我简直想跪下去。妈妈虽然很穷,但还是那样可亲、慈祥的样子。妈妈见到我,高兴得不知该怎么办,若把我抱在怀里,显然太大了,她只是不停地摸着我的脸,来回上下打量着我,脸在笑但带着泪,我双手扶着妈妈和三妹回到了伯父的家。

两天两夜都是听妈妈叙述她在家乡所经历的苦难,她如何在日本鬼子刺刀的监督下和男人们一样为日本人挖战壕、修公路,村里的人们如何躲日本鬼子、汉奸部队、国民党部队和土匪,土匪如何拿着刀子逼她要东西,她为了躲土匪怎样夜间跳墙,摔断了腿……这么多难以忍受的苦难都挺过来了,妈妈的形象在我眼里更高大了,我为有如此

---

① 今陕西省彬县。——编者
② 今西安市鄠邑区。——编者

能干和勇敢的母亲而骄傲!

由于经济困难,三妹到邠县后没能上学,她吵闹着要去河南难童教养院,那里虽然生活很苦但总还有书读,能学习。我的一个堂姐在教养院当教员,经她介绍,我的三妹光莹和伯父的二女儿季秀进入了河南难童教养院,从此,我总共有三个妹妹进入了那个痛苦的深渊。

有一天,我意外地收到季秀发来的一封信,她让我赶快到蔡家坡,说莼秀和光莹都得了严重的眼病。我急忙赶去,看到了一幅惨绝人寰的景象,成排的孩子们眼睛都红肿得像桃子一样,坐在太阳地里,据说是淋症性病毒①传染到孩子们眼里,由于医治不及时,传染给了教养院的大部分孩子。这时,二妹双目均被感染,已被送到西安,三妹一个眼珠上长了一个突出的病瘤,眼皮都合不上。我抱着三妹痛哭起来,堂姐还在旁边讥讽:"那么大男子汉哭什么?"我恨那个堂姐,三个妹妹在她身边,她不仅不照顾,还要霸占家人寄给妹妹们的东西。记得她穿了妈妈寄给二妹的棉鞋,害得二妹穿着单鞋过冬,特别是,这次两个妹妹患了严重的眼疾,她居然连封信都不写。这是我最后一次和那个堂姐见面,以后我再没有与她来往。

我当即送三妹到了西安,这时父亲因盲肠炎住院开刀,母亲挺着大肚子在伺候他,二妹和三妹又得了严重眼疾,这是我们家最困难的时候。后来由于得到邠县一个有钱的老太太在经济上和人事上的帮助才过了关。老太太想把她的女儿嫁给我,如此苦难之时,我哪有那个心情呢!

河南难童教养院的三个妹妹,结局都很惨,二妹虽未失明但双目均留有残疾,三妹一目失明,季秀被送到新疆,这笔账必须记在国民党的头上,我恨透了国民党。父亲病后被调到咸阳做县银行经理,母亲不久就生下了四妹光咸。这时家庭经济仍然非常困难(父亲清廉一生

---

① 根据描述,孩子们所患眼病疑为淋球菌性结膜炎。——编者

也穷苦一生),父亲把母亲和三个妹妹都送到咸阳乡下,住在一个破窑洞里,母亲没有奶,小妹是用面糊喂大的。父亲提供的钱只够买点主粮,副食全靠采野菜应付。有一次,母亲买了一点菠菜,被二妹和三妹数落了一整天。只要我一回来,二妹和三妹就坐在山头上哭闹着要回河南难童教养院,我坚决反对,不能再把妹妹们往火坑里送,我买了些书让她们两人自学。

1945年抗日战争胜利,当时伯父已病逝在宝鸡,除我外,当年全家就都回到了老家。父亲到开封,在河南省财政厅做了科员,后改到中等师范学校教书。1946年,我大学毕业到郑州黄河水利委员会参加黄河花园口堵口时回了老家一趟,家乡仍是满目疮痍,所有的树皮全被吃光,家的大门有一半左右仍用土坯封着,这时家里有我祖母、母亲、伯母、小妹光咸和伯母最小的女儿晓光。

虽然我家只有十几亩地,但由于缺乏劳动力,长期雇用过一个长工。其实他就像家里的一个成员一样,在我们逃亡陕西期间,家里只留下已经80岁的祖母,母亲临走时对长工说:"我们走后这房子和十几亩地都归你使用,只求你不要让奶奶饿死就好了。"土改时我们一个不足三百户人家的穷村,居然划了二十多家地主,我们家也是其中之一,理由是抗日战争后三年,家里只有奶奶一人,以剥削为主,尽管她也是劳动了一辈子的女人。这样,我的家庭出身也就被定为地主家庭。

新中国成立后,我的家庭发生了极大的变化。我和父亲都有着很好的工作。大妹蕴秀在郑州市做了小学教师。没有上过几天学的二妹莼秀和三妹光莹,经过自己的努力都考上了大学,后来她们分别毕业于中国人民大学财会专科和河南医学院。被送往新疆的季秀也回来,并且参军了,后来成为军医。这样大的变化,确实是由于新中国成立后党执行一系列英明政策的结果。

# 师 恩 难 忘

从当时的条件来看,西北农学院是蒋管区各方面条件都特别优越的一所大学。别的学校住茅屋、点煤油灯,吃不饱,没设备,这个学校的教学大楼是两侧三层、中间五层的现代化建筑,教授们住的是西班牙式的单层洋房,学生们三四个人一间房子,条件很好,学校有自己的发电设备,一律是电灯。校园一道岗内就像一个巨大的公园,校园前二道岗内是一系列的花蕊园、植物园和试验田,三道岗内是一系列的果园、林场和葡萄园,再向前是一条大道直达渭河,校园后是畜牧场。学校具有相对较好的图书馆和相应的实验室,该校的农业水利工程系是我国水利界著名的老前辈李仪祉先生创办的,不仅有很好的实验室,而且与关中灌溉渠道网直接相连,可做各种实验。

让我特别满意的是,学校伙食之好让人绝对无法想象,平日8人一桌,每桌6个菜,节日每桌可达三四十个菜,而且菜的质量特别好。这四年大学生活是我一生中吃得最好的时期之一,粮食、蔬菜、肉类都有,吃得这样好,每月还有三分之一的公费作为节余发给学生们零用。这个学校还有一个极大的优越性,那就是由于学校生活、环境和教学条件好,吸引了一批著名的教授,它还特别得到陕西人于右任先生的关怀。这个学校的缺点就是学生们读书的风气较差。

我最幸运的是在这个学校遇到了我的恩师孟昭礼教授,他影响和决定了我一生所走的道路。孟先生是二十世纪三十年代我国最有名的工科大学——北洋大学①土木系的毕业生,毕业后从事工程力学的教学和研究工作。他曾在武汉大学任助教,当时光弹性力学的创始人

---

① 今天津大学。北洋大学始建于1895年,1951年6月,北洋大学与河北工学院合并,改名为天津大学。——编者

柯克和费伦制造了50台世界上最早的一批光弹仪,孟先生经手为武汉大学订到了一台,这也是中国最早的一台光弹仪。抗日战争结束后,这种仪器才在中国的大学和研究机关逐渐普及开来。

孟先生在西北工学院任教时,由于他的教学效果特别显著,三十几岁就成了没有留过洋的最年轻的教授。各系的学生都争着请他讲课,他又热情,这就使得他的教学工作量简直像小学教员一样,每周达二十几节。西北工学院在陕南城固县,各个系又分散在不同的村庄,所以孟先生常常是坐着滑竿(一种用长竹作抬杆的座椅)到各系讲课。沉重的教学负担摧毁了他的健康,他得了严重的肺结核,有一次一下滑竿就吐了一大口血,孟先生漱了漱口就上了讲台。他最后不得不离开西北工学院,选择了条件优越的西北农学院半养病半上课。

孟先生在西北工学院与该校最漂亮的姑娘高洪如结了婚,新娘的故乡是我国著名的出美人的陕北米脂县,到西北农学院时他们已经有了儿子宪达和女儿宪同。由于孟先生身体不好,我们的理论力学课和材料力学课是跟别的老师学的,到三年级才得到了听孟先生讲结构力学课程的机会。孟先生讲课概念特别清楚,逻辑性特别强,内容特别丰富而又使人易于接受且印象深刻,语言和表情加强了教学的效果,简直达到了引人入胜的境界。总之,大家都说听孟先生讲课是一种享受,不仅得到了很多科学知识和深刻的理解,而且是一种艺术享受。

孟先生决定写一本书——《超稳结构应力分析的基本原理》,"超稳结构"这个名词是孟先生翻译的,新中国成立后,根据苏联的教材改译成"超静定结构"。出乎意料,孟先生竟指定我这个学生做他写书的助手,他要求我每周拿出两个晚上协助他工作,任务是复校他所推导的公式并计算书中的全部例题和习题。当时我们班上还在学"静定结构",他所写的内容都是我们尚未学到的,而且还包括他自己的一些研究成果和心得体会,因此,每次都是孟先生把我教懂,然后我再协助他进行工作。所以我每周到孟先生家里工作两次,师母对我特别关怀,总是准备一些好吃的东西给我。

孟先生给我讲他对书中的内容是怎样认识的,那些问题是怎样提出的,是怎样解决的,有些概念是怎样产生的。这等于孟先生手把手地教我怎样走路,我不仅学习了先进的科学知识,更重要的是切身体会了孟先生严格的治学态度,孜孜不倦追求科学真理的献身精神,思考问题和解决问题的科学方法,以及对学生和读者的责任心,这些都对我的一生产生了重大的影响。

在大学期间,孟先生没有让他的助教帮他写书,而是让我帮他写书,但是他写书的内容我没学过,所以每次到他家时他先给我讲解里面的内容,等到我熟悉以后,我帮他计算书里的习题,并且帮他写好例题的解题过程和计算结果。当时有两个学生帮他,我帮他写书的内容,另外一个学生,我的同班同学卜志仪善于交际,帮他出版印刷。因为当时处于抗日战争期间,调运纸张、印刷很困难,出版书是个很不容易的过程,但是在我俩的努力下,在学院和水利学会的大力支持下,该书分为上、下两册,很顺利地出版了。限于当时的经济和物质条件,纸张质量很坏而且出版的份数很少,至今我的手里和北京图书馆各存有一套。也因为此事,后来孟先生很器重我。

黄河水利委员会河南修防处的处长是我的温县同乡,我大学毕业后即投奔他手下工作。当年,抗日战争开始不久,愚蠢透顶的蒋政权被日本的强大攻势吓昏了头,竟然决定在黄河上位于郑州北面的花园口把黄河大堤扒开,使黄河整个离开故道,不再由山东入海,而改在江苏入海,目的是挡住日军的继续南下。在相对现代化的战争机器面前,区区河水能阻止敌军前进吗?这真是幼稚至极的笑话,但这个愚蠢的决定给我们苦难的祖国和人民带来多大的灾难啊!由于是"军事秘密",花园口大堤扒开是突然秘密进行的,一夜之间,"黄河之水天上来",横扫了河南、安徽、江苏等地,很多老百姓在睡梦中葬身鱼腹。"伟大"的政治家使多少可怜"渺小"的生灵涂炭!

抗日战争胜利后,蒋介石又决定实施花园口堵口工程,使黄河再回到故道里去,重新从山东入海,当时黄河水利委员会全力以赴地实施这项"伟大"而艰难的工程。黄河水利委员会河南修防处的任务就是在花园口堵口完成以前保证"新堤"(即决口后黄河新道的大堤)的安全。我被分配到新堤第一段做工程员,段部设在尉氏县城内,段里有个段长和我算技术人员,还有个会计和办事员,其他就是工人。在一起办公的还有一个水文站的站长和工人。

那时,黄河的日常流量仍在5000立方米每秒左右,不像现在枯水季变成了一条大河沟。新堤第一段就是从花园口向下二百多里的堤段,堤里是滔滔黄河,含沙量达到40%,堤外是"黄泛区",一望无垠的黄河上漂动着几束荒草,没有村庄,但常常能看到漏出沙面的屋顶,这大概是花园口决口前村庄里大户人家的高房。那些冤死的老百姓,你们是被冲走了,还是被埋在厚厚的沙层下了呢?这些都是国民党政府滔天大罪的铁证。

我上工以后,看到新堤很薄弱,有很多危险工段,所以经常奔波在所辖二百多里的大堤上。段里给我派了一个年轻的工人勤务员,我到大堤巡视时总是带着他,有时我俩各骑一匹马,我走在前面,他跟在后面,有时他拉一个大板车,车上放有被褥,我躺在车上,他在前面拉车。他认为我年轻有为,对我佩服得不得了。有一次他对我说他要一辈子跟着我干,其实我并不想在黄河上干一辈子,我理想的还是到大学里工作或搞科研工作。

黄河河工们很欢迎我,每到一个工段,他们都用黄河大鲤鱼宴招待我,我就是那时学会喝酒的,白酒可以喝4两。有一次河水涨得很厉害,在一个薄弱段出现险情,黄河水眼看就要越过大堤,我和工人们率先跳入水中,有些民工也跟着跳下,组成了人墙,在人墙后面填抛土袋,终于保住了大堤。在此工作期间,我还设计了一个全段增强防洪能力设施的方案,报到了修防处,我走后不知设计是否能实现。

在此期间,孟先生来信说要带我到武汉大学工作,我当然很高兴。后来北洋大学在天津复校(或者说是搬回天津,因为抗战期间北洋大学成为西北工学院的一部分,也另外办过两个别的分校),西北工学院院长、著名工程教育家李书田先生邀请孟先生回母校工作,孟先生义不容辞,全家去了天津。其实,当时若从安全角度出发,孟先生应该选择武汉大学,但他还是毅然决然地选择了北洋大学,他还向李书田建议请我做他的助教。这样,我在1946年底启程赴天津,此行决定了我终生从事工程力学的教学和研究工作。

我启程前回老家看望祖母、母亲、伯母和两个小的妹妹,当时国共两党的部队正在我家乡进行持久战,人民苦不堪言。我把几个月工作以来积攒的钱全部交给了母亲,第三天就回到了郑州,在郑州向亲戚和朋友借了路费就启程了。

当时解放战争正如火如荼,华北一带战火纷飞,无路可走,我只得乘火车从郑州先到武汉,从武汉坐船到上海,再由海路从上海经大沽口转到天津,一路上走了十多天。当时正是隆冬季节,在郑州到武汉的火车上,虽然人非常挤,但还没有受冻,时间也不算太长,而从武汉到上海的船上,旅客们真受了大罪。我们挤坐在甲板上,连躺一下的地方也没有。船走了几天,我们穿上了所带的所有衣服,仍然冻得发抖。夜里更冷,船一靠站,人们就都上到岸上蹦跳不已,一则是活动一下麻木了的手脚,二则是为了身体稍暖和一些。

到了上海我们就滞留下来,由于大沽口冰冻,没有北上的船,我住在同济大学的宿舍里,和一个校友挤在一张床上。天天去打听,一个星期后终于买到了一张货船的船票,买票时说得很好,船上有铺位还管吃。开船前一天客人就上了船,因为第二天大清早就要起锚。临走时同济那个校友还借给我一个毛毯,后来被我用了几年才还给人家。

一上船,船方的态度立刻就变了,船上规定旅客只能住在甲板上,要想进舱就得买水手的床位,每个床位要加一两黄金,谁不愿意就请下船。船在海上要走四五天，睡在甲板上准会冻死。我是幸运的，又一次天无绝人之路，我在国立五中上学时，有个同乡校友关系挺好，他当时在上海他父亲的公司当经理，我只好下船去向他借钱，他很义气，我顺利地拿到钱返回船上。在船上的第一个晚上，我的箱子就被挖了一个洞，被偷走了一些东西，好在我也没有值钱的东西，船走了4天，大沽口仍然封冻，得靠破冰船开路，又耽误了一天。

最后，终于到了天津，孟老师和师母热情地欢迎了我，而且已经在教职工宿舍为我要了一个房间，屋里一张床，一个书桌，一个书架，一个脸盆架，一个大铁炉，连煤都为我准备好了堆在屋角。我简直是到了天堂，我想父亲对待儿子也不过如此。从此，漂泊惯了的我，终于有了一个窝和一个安全、理想的工作。

孟先生在生活上对我关怀备至，最使我难忘的是他对我家庭的照顾。1949年我的大女儿孟华出生，不足三市斤重，而且妻子无奶，这时孟先生买了两头羊，让他父亲饲养，所获羊奶供孟华食用，孟华才得以健康成长。

孟先生担任土木系的理论力学、材料力学和结构力学课程的教学工作，有时还开弹性力学选修课，系里后来也进了一台光弹仪，这些课程中，我只有结构力学课程基础较好，其他课程很差。在抗日战争期间学生常常闹罢课，理论力学我只学过静力学，材料力学只学到梁的计算，弹性力学和光弹性力学没有学过，只听孟先生说过，而且这些课也都是几年前学的，已经很生疏了。所以一到北洋大学我就拼命地读书，特别是学习教学范围内我没有学习过的内容，靠一点儿小聪明，我的助教工作得到了孟先生和学生们的赞扬。

孟先生所上的每一堂课，我都认真地聆听，有些课甚至听过三遍。孟先生说："熟了的内容就不要再听了。"我仍坚持聆听，这时我的主要目的不再是学习课程的内容，而是学习孟先生高超的教学艺术，这对我后来成为优秀教师和获得突出的教学效果起了重要的作用。

新中国成立前,由于战乱连年,生活非常困难,又缺乏资料和设备,无法进行科研工作,教授们大多只满足于能上课就行了,但是孟先生在担任繁重的教学任务之外,仍然不停地进行研究工作。虽然,限于条件只能研究一些工程力学中一般性的理论问题,但还是做出了很多研究成果。那三年,孟先生提出了桁架节点位移计算的一个很巧妙的方法,研究了开口框架强度计算的简化,指出了当前所用的"功"的定义在某些场合会造成概念上的混乱,并给出了普遍适用的"功"的新定义,此外,还提出了梁的剪切变形的计算方法。这些成果,有的发表在国内最权威的刊物《中国科学》上,这在当时是难能可贵的。

在这个过程中,我学习了孟先生的科研思想和方法,学习了他对理论问题彻底钻研,对已有科学成果既尊重又不迷信的态度,解决科学问题的灵活辩证方法,对科研工作极端认真的责任心。即使到完成研究工作撰写论文的阶段,孟先生也是一丝不苟,对论文理论部分总是多次修改,尽可能达到相对完美。对算例也是多次复核,直到正确无误。在孟先生的指导下,我自己当时虽然没有进行什么研究工作,但学习了他的这些优秀的品质,对我以后的科学研究起到了不可估量的作用。

1949年,在北洋大学做助教时留影

1949年1月15日,天津解放,孟先生欢欣鼓舞,天津军管会到北洋大学视察,首先就是对孟先生进行了拜见和慰问。3月初学校复课,孟先生又走上讲台。后来孟先生病倒,学校派两位教授接手他的课程被他拒绝,他向校方坚持让我继续承担他的全部课程,这样我就同时负担了我们两个人的教学任务:那几门课程的讲授和助教工作。这时候,我刚结婚不久,但每天都工作到深夜,像运动员一样,这样的大工作量锻炼了我,使我养成了抓紧一切时间工作的习惯。

那时候,在一些大学里助教不能上大课,我代孟先生上课的事受到了别人的指责,由于我资历太浅,暑假前学校仍给发了"助教"的聘书,意见是让我下学期不再讲课。这个决定遭到学生们的反对,不得已学校给我改发了一个"教员"的聘书,这在北洋大学是史无前例的,因为北洋大学的教师只有助教、讲师、副教授和教授4个等级。这样,我就有了继续讲授孟先生这几门课的资格,直到1950年暑假前学校才给我发了"讲师"的聘书。但暑假后,我就被选送到哈尔滨工业大学(简称哈工大)向苏联专家学习去了,学习后被哈工大要求留校工作,北洋大学也改称为天津大学,我就和这个学校脱离了关系。

孟先生是个伟大的力学家,是个极为优秀的人民教师,我能有这样的一个恩师是我的造化,无以为报,我只有在我的一些著作中介绍和宣传他的成就,愿他在天之灵能有所慰藉!

# 育才：
## 化深奥生涩为言简意赅

1950年,我被北洋大学选派到哈尔滨工业大学(以下简称"哈工大")研究生班,跟苏联专家学习。我把握住这个机会,用两年时间读完了研究生全部课程,提前毕业,我的论文深受苏联专家赞赏。

毕业后,哈工大校长李昌①希望我留校任教,但同时天津大学②也希望我回校继续任教,而中国人民解放军军事工程学院更是直接给我发出调令,并允诺去后就是少校待遇。三所名校在高教部"打官司"的结果:我被留在了哈工大。在担任哈工大应用力学教研室主任的时候,我经常和苏联专家们在一起探讨学术问题,这些苏联专家在教学上非常严谨,给我印象最深刻的是他们对工作十分认真,并且很勤奋,有耐心,能吃苦,注重教材。那段时间里,我从他

1950年,在哈尔滨工业大学学习时留影

们的身上学到了许多教学经验,这对我以后教学工作的帮助是非常大的。

在我的教学生涯中,我始终认为做老师最主要的职责就是如何教好学生。在给学生们讲课的时候,要由浅入深,让学生更好地接受。教学过程中非常重要的环节就是备课,不论教过多少遍的课,在上课前也一定要重新备课,这样才能讲好这堂课。现在还能想起的一件事

---

① 李昌(1914—2010),湖南省永顺县人,1935年考入清华大学,1936年加入中国共产党。1953年经周恩来总理提名,任哈尔滨工业大学校长兼党组书记。——编者

② 即上文的北洋大学,1951年6月改名为天津大学。——编者

是曾经在30人的教室给学生上课,结果讲着讲着就有其他学生挤进来听课,一间小教室装不下那么多人,就只能临时换到大教室,最后一直换到300人的大教室。

这么多年来,我教过许多很优秀的学生,用一句话形容就是:"得英才而教之,不亦乐乎!"和他们在一起学习生活,我感到非常的高兴,每一天都充满着快乐。记得1977年刚开始招收研究生时,一共有40多人考我的研究生,当时教育部规定每个教授最多只能带3名研究生,最后还是写了报告递交给教育部,经同意后才录取了12名。

现在我还清楚地记得,我曾受邀到意大利、英国、俄罗斯、新加坡、日本、美国6个国家进行学术交流与教学工作,也领略了不同国家的风土人情。第一次是去意大利做报告。中国代表团去了10个人,有教研院的、同济大学的,还有几个其他学校的,我们在罗马用英文做的报告,去了大概一个星期。做完报告剩下的时间我们去了威尼斯、比萨,印象最深的是教皇的宫殿,金碧辉煌,可谓是全国最大的宫殿,那里还有古代的斗兽场。

第二次是去英国利物浦大学做讲学。利物浦大学教授研究的课题和我的课题相近,于是邀请我去交流一下。到了英国,第一感觉是这里的街道很干净,街上没有任何尘土,因为英国是个岛国,经常下雨。英国的各大商店都是铺着地毯的。

第三次是俄罗斯的莫斯科土木建筑工程学院请我去讲学。只有一种感觉,就是莫斯科的地铁很发达。

第四次是去新加坡大学讲学,我带欧进萍一起去的。新加坡很小,既是国家又是城市,是马来西亚的一个分割城市。那里气候很好,虽然靠近热带,但经常下雨。那里风景也很好,适合人们居住和养老。在新加坡,吐痰和乱扔垃圾都会被罚钱,管理很严格。虽然不属于中国领域,但是那里的人讲的普通话很标准,因为大部分都是从我国广东移民过去的。

第五次是日本京都大学邀请我去讲学,后来又去东京大学做了个报告。记得日本电梯的门口有两个女人打招呼鞠躬,这明显能感觉到日本的男女相处模式,那里的女人对丈夫很温顺。

第六次是去美国的大学讲学。我们去了纽约,感觉那里的高楼很多,一百层以上的不计其数。

我很庆幸去了这些国家讲学,通过这几次的国际交流,我更深刻地体会到我们国家在力学领域还不够完善,需要几代人共同努力去开创新领域。我也坚定了做一名好老师,争取为祖国培养更多优秀人才的决心。

总结一下自己的"为师之道",可以概括成三点:第一要高标准,导师要站在科学的最前沿,引导学生去开辟新领域,对国内外的科研成就要时刻关注;第二要严格要求,不论是工作还是生活,不论是对待自己还是对待学生,这是一种态度;第三要为学生创造条件,"青出于蓝"对老师来说更是一种光荣,你的学生比你强才证明你更有水平。

## 过教学关

我从1956年开始正规地搞科研,此前我花了整整10年的时间过教学关,所以我深刻地认识到,作为教师,本职工作是教学,搞科研之前首先要过教学关。有些老师不注重教学,认为只要走上讲台讲就可以。事实上教学是件很不容易做好的事情,需要足够的知识储备,需要有自己的教学内容和教学方式。

首先是掌握教学的内容,教学内容取决于教师本人对所教课程的理解和认识。这就要求老师本人首先对讲课的内容有深刻的理解,有正确的认识,然后才能深入浅出,用最容易理解的语言表达出来,让学生很快掌握真正的知识和正确的概念。所以要想把好教学关,就必须深刻理解所教课程的内容和其所蕴含的深远意义。其次是掌握教学的方法。有人认为上课讲课很容易,但实际上要讲好课,要取得较好的教学效果是很不容易的。掌握教学方法也是提高自己讲课技巧的过程。

作为教师我很重视教学工作,听老师讲课时我不仅听他讲的内容,而且学习他的教学方法,之所以后来取得好的教学效果,就在于我重视教学方法,更幸运的是我遇到了好的老师。首先是我大学时遇到的孟昭礼教授,他一直教我们材料力学、结构力学、弹塑性理论课程,他虽然没有出过国,但讲课的效果非常好,他是全国有名的青年教授。孟昭礼教授每次课讲得都非常认真,并且生动有趣,很容易吸引大家集中注意力认真听课。听了他的课,大家由不明白到明白,由明白到清晰,可以说是一种非常美的享受。我在1946年大学毕业后做孟先生助手的几年里,孟先生的每一堂课我都认真地听,孟先生讲的第一句话、后来说的第二句话是什么我都清楚地记着。我保持求学认知的学生态度,一堂不落地用心去听,把他的每一句话、每一个动作都当作我学习的榜样。

1988年,在哈工大二校区教室内讲课

新中国成立以后，规定哈工大是学习苏联的窗口，从苏联请来的专家都集中在哈工大教学，所以教育部规定各个学校派一两个青年教师到哈工大向苏联专家学习。之所以选择哈工大作为学习苏联的窗口，是因为哈工大一直是俄语教学，当时哈工大的学生和老师大都是苏联人。我来哈工大时只有一个教数学的老师是我们中国人，其他都是苏联人。那时，学校初步的稿件都是俄文，我们就如同聋人和盲人一样什么都不懂，什么也不明白。为了更好地向苏联专家学习，我专门用了一年的时间集中精力学习俄语。那时哈尔滨学习俄语的条件很好，学习俄语很方便，教我们俄语的老师是苏联老太太，做助教的是苏联小姑娘，哈尔滨70万人口中就有20万人是苏联人，走在大街上感觉苏联人比中国人多，因为中国人都去工作了，苏联的老人没有工作，有时可以在大街上和苏联老太太聊天。学习俄语的这段经历对我的教学有很大的影响。20世纪50年代，在哈工大跟随苏联专家学习时，我又全面地听了3位苏联专家的课，此外还翻译了一些国外的优秀教材，从1952年到1962年，全国所有与材料力学有关的专业力学教材都是我翻译的。苏联专家库滋民[①]、奇斯恰科夫[②]对我以后的教学有很大的帮助。

　　教学工作主要是让学生从不知道变成知道，因此备课是非常重要的，认真备课是搞好教学工作的基础，而备课期间一定要设身处地地为学生设想。要考虑让学生通过听课能够充分理解并融会贯通，就必须站在学生的立场上讲课，让学生很乐意地接受。如果只考虑自己而不考虑学生，不管学生听没听懂，那样不会取得好的教学效果。只有学生听得懂才能学好，这样才能热爱学习。如果学生不爱学习，首先

---

① 曾著《结构力学习题集》（上下册）（上册由商务印书馆1953年出版，下册由高等教育出版社1954年出版），王远光译。——编者

② 又译为"奇斯加可夫"，20世纪50年代在哈工大讲授建筑力学及地基基础课程。——编者

不能批评学生,而是要考虑自己的教学方法和教学内容,要由浅入深、条理清楚、概念明白,让学生容易接受,不能稀里糊涂地往下讲。

大学生和研究生不一样,大学生学的是基本知识,开的课程都是规定的,而研究生是开创新的研究领域。指导研究生确定研究方向和方法,在每个研究阶段进行研究,教研究生选择课题是很重要的。高水平的导师给学生很好的题目,不好的导师给学生的研究方向令人迷茫,导致学生竹篮打水一场空,耽搁了时间也误了学业。搞好科研,第一要引导学生有正确的科研方向,也就是说引导学生去研究正在发展

1988年,在实验室讲课

的、有前途的科学命题,然后经过努力才能在这方面取得一些新的成果。认真选择研究方向,紧靠着学科发展,由缓坡到陡坡再到缓坡,也就是由缓慢到迅速再到缓慢,我们要选择陡坡的地方,选择这方面的选题会有重要成果,所以帮助学生搞好科研最重要的就是正确选择科研方向。第二要教他们正确的研究方法,研究问题必须掌握问题矛盾的关键,这个问题没有解决,那主要矛盾在哪里?抓住主要矛盾集中寻找解决方法,在解决矛盾中学会创新,才能使学科继续朝着前沿方向发展。

## 调整土木系专业

哈尔滨工业大学的前身是1920年创立的哈尔滨中俄工业学校,

当时的建设宗旨是为中东铁路培养工程技术人才。新中国成立前,学校先后经历了俄式办学、日式办学、中苏共管等阶段。新中国成立后,哈尔滨工业大学获得了新生,1950年6月7日,中央关于哈工大办学方针电告东北局:学习苏联先进经验,为国家建设培养高质量工程师,为全国理工院校培养师资人才。

根据中央政府的决定,从1951年到1957年,相继有5批苏联专家到哈工大工作。这期间到土木系工作的苏联专家共有12位。在苏联专家的帮助下,土木系重新调整了专业。到1952年秋,土木系的专业明确为工业与民用建筑专业、工业与民用建筑结构专业、供热供煤气及通风专业、给水排水专业和水利工程专业。1953年,水利工程专业调整到大连工学院①后,工业与民用建筑结构专业合并到工业与民用建筑专业。至此,工业与民用建筑专业、供热供煤气及通风专业、给水排水专业就成为哈工大土木系学科专业发展的三大支柱专业,成为中国土木建筑科学与工程学科专业久盛不衰的三大基础专业。

土木系三大支柱专业确立后,参照苏联高校同类性质专业,制订了以培养土木工程师为目标的五年制教学计划。同时,开始逐步调整、改组和建设原有教研室、实验室,并组建了一批新的教研室和实验室。其中新建的工程结构、采暖通风、给水排水3个实验室,是与三大支柱专业相匹配的、在全国同类实验室中建立最早的3个实验室。这些依据苏联的教育模式,根据新中国的需要建设起来的教研室、实验室,设置较为合理,管理制度比较完善,其设备配备在当时也比较先进,对土木系组织和实施教学、科研工作,提高师资水平、教学质量和三大支柱专业的建设发展发挥了重要作用,同时对全国高校土建类学科专业的建设和发展也起到了示范作用。

在学习苏联教育经验的过程中,土木系根据自身的情况和国家的

---

① 现大连理工大学。——编者

需要,结合苏联的教育思想理念和具体做法,不断总结交流学习中的问题,从理论上加深对教学、科技、专业建设和人才培养的研究探讨,并在工作中努力实施,积极改进。据统计,这一时期土木系共提出了57篇有关教学、教育及科技研究方面的报告,进行了40余项科技研究,发表学术论文42篇;翻译出版了15种苏联的教科书和一些专家的讲义;同时还开办了研究生班、兄弟院校教师进修班、专科班、夜大班,并成立了教师指导下的学生科技小组和土建设计院。

这一时期土木系翻译出版的苏联教科书和专家讲义对形成土木系三大支柱专业的教材起到了决定性作用,同时也推动和加快了全国高校同类专业的教材建设。如土木系教师干光瑜等翻译的《材料力学》,当时全国理工科院校土建类专业几乎没有不用这本教材的。有关专家认为,土木系当年翻译的这些教材,对今天我国土建类专业教材的建设仍有重要的参考价值。

在学习苏联经验的后期,土木系的教师和学生还成立了土建设计院和规划研究室。在不到一年的时间内,设计院就在北京、太原、长春、佳木斯、哈尔滨等地承担了八十余个建筑设计项目,其中包括参与人民大会堂、民族文化宫、历史博物馆以及民族饭店等工程的设计。与此同时,土木系的部分教师、学生,在邓林翰和朱聘儒的主持下,设计完成了17800平方米的哈工大新建主楼工程。

学习苏联教育经验,办好以三大支柱专业为主的土木系,发展和提高新中国高等建筑科技教育,关键在于教师队伍。20世纪50年代,土木系之所以能得到快速发展,一个重要原因就是培养并建设了一支自己的、有足够数量和较高水平的师资队伍。1950年,土木系只有15名教师,且均为苏侨,年龄也偏大。1951年后,学校抓住哈工大学习苏联经验样板在全国产生的影响,通过教育部,在全国相继聘请和吸引了一批名师到土木系工作。与此同时,土木系还招收了一批名校毕业的研究生,并在本系遴选了一批进修教师和毕业研究生留系工作。在这个过程中，土木系又相继派出了十几名年轻教师到苏联进修或读研究生。

1950年，我们国家请第一批苏联专家来中国帮助开展高等教育工作，当时主要集中在哈工大。因为我做了充分的准备，提前在哈工大学习了一年俄语，所以和他们学习、听他们讲课和讲业务上的事情对我来说没有任何困难，而且我俄语讲得很流利，像说汉语一样。我和苏联专家学习一年就完成了学习任务，后来从全国送来的下一批青年教师，有些俄语不好，他们听不懂苏联专家讲课，这些人实际上是和我学习。我所做的毕业论文苏联专家很满意，认为我的毕业论文水平很高，建议我到苏联去答辩，后来因为有个同事诬告我对共产党不满意，我被取消了去苏联答辩的资格。

和苏联专家学习期间，他们直接给学生开课，我给他们做助教，一直听他们讲课。另外他们专门开了一些课题和我交流，他们对我的论文很满意，后来因为我没去苏联答辩，他们就以我的论文理念为基础在苏联发表了相关的论文，当时我不愿意计较这些事情，就不了了之了。

苏联的高等教育有明显的为社会主义建设服务的目的性。在当时新中国刚刚成立、百废待兴、急需大量国家建设人才的形势下，学习苏联教育经验，根据新中国建设的具体需要设置专业、明确教材、确立培养目标、制订教学大纲和教学计划，以及建立一整套的教育管理体系，这无疑是十分必要的。土木系作为全国高校学习苏联教育经验样板校哈工大的一个系，同学校各系一样，在20世纪50年代担负起了全面学习苏联教育经验，为新中国建设培养急需人才和高技术人才，为全国设有土建类专业院校的专业建设发展提供经验、培养师资的重任。

# 得英才而教之，不亦乐乎

1952年，我成为哈工大建筑力学教研室主任，当时教育部规定10个人可以带研究生，其中就有我。我指导研究生开创新的研究领域，确定研究方向和方法，对每个研究生的每个阶段进行指导和帮助。不同的导师给学生的课题不同，有的导师给学生的课题不容易取得研究成果，有的导师引导学生走正确的研究方向。那时候有个学校的老师给学生的研究课题就是几十个未知数的大量计算工作，一点儿理论价值都没有。我领导学生研究的主要工作是建筑力学的前沿，即所谓的建筑力学发展的方向和主要进攻的方向，在这个研究过程中遇到的矛盾和如何解决这些矛盾。所以在我的指导下，学生们可以取得很好的研究成果。

作为研究生导师，我认为主要是要开阔学生眼界，随着科学技术的发展，就需要我们突破传统观念进行研究，了解国家生产需要解决的问题，根据学生的特长选择适合的科研题目，开辟新领域的计算方法。

在博士生培养中，采用"优胜劣汰"的方法。对优秀的博士生，在申请科研基金、参加国际会议、发表学术论文、晋级提升以及表彰奖励等方面为他们提供优先的条件和机会。与此相反，也曾取消了一两个学生攻读博士学位的资格，原因是长期不安心学习，论文进展迟缓。

在这种高标准、严要求和提供最有利的科研条件下，我的学生们毕业后在工作中也都有比较突出的表现。后来我又陆陆续续招了很多学生，我的学生有好多后来成为大学的校长、党委书记，以及学院的院长、主任、教授，还有好多去国外设计院搞研究工作的，有的还在政府机关工作。其中比较出色的有：欧进萍、武哲、张爱林、张鹏等是大学校长，陆念力等是校党委书记，张素梅、吕大刚、霍达、张世海、杜修力等是院系学院院长,刘玉彬、张进秋等是主任,季天健、王东炜、曹万林、耿永常、陈艳艳、谭忆秋、王力等是教授,谭东耀在英国研究单位工作,王志忠是佳木斯市副市长,李敏霞是广州市建设委员会高级工程师,还有很多学生都取得了很大成就。

1993年,在家中指导吕大刚

我培养的第一个研究生是李桂青,他是进修教师,毕业后到武汉理工大学当教授,现任澳大利亚斯威本科技大学①教授。后来在"文化大革命"前期又招收了黄翰培、陈丙午、刘季等。"文化大革命"以后招收研究生的第一批,有40多人报考我的研究生,结果我录取了

---

① 斯威本科技大学(Swinburne University of Technology,SUT),澳大利亚著名的公立综合性大学。——编者

12个。那个时候教育部规定每个导师只能招收两三个,因为报名太多,最后学校请示教育部,教育部认为我积极性很高,凡是及格的、符合条件的全部录取。当时我认为"文化大革命"耽误了太多的学生,有学生想向我学习,我要给他们这次机会。这12个里面有霍达、王志忠、季天健等。印象最深的是霍达,他是黑龙江省第一个通过博士论文答辩的博士生。在这之后我陆陆续续招了很多学生,有硕士研究生、博士研究生和博士后。

当时教育部规定建立博士后流动站要有几个条件:首先要有培养博士生的能力,其次还要有三个以上的人到你的流动站学习,而且三个人中至少要有一个是从国外回来的。我满足这三个条件,有一个学生叫陆念力,从德国留学回来的,还有欧进萍和陈树勋,所以我成立了全国第一批博士后流动站,就是已获博士学位的到我这儿继续研修两年。欧进萍和陈树勋先后到美国参加国际会议和校际学术交流,都能如期回国。

由于李桂青在我这儿受到了很好的教育,他把儿子李秋胜也送到了我这里读书,李秋胜现在在香港城市大学建筑系做教授。欧进萍是他的外甥,是我的第一批博士后,曾任大连理工大学校长,2003年当选为中国工程院院士。当时欧进萍考了我的研究生两次,我看他诚心诚意想到我这儿学习,最后录取了他。记得第一次见面谈不上留有什么深刻的印象,但在以后的日子里,我还是感觉到了这个小伙子的"特别"。举例来说,如果当时教给学生的是"3",但学生却能由"3"自行推导出"4",那么,这个学生就具有创新和独立思考的能力。欧进萍正是这样的学生。除创新能力外,欧进萍的勤奋也给我留下了深刻的印象——他是一个每天只睡五六个小时却能保持旺盛精力的人,大家管他叫拼命三郎!从上学到现在,他日日如此,年年如此,已几乎成了习惯。我的妻子也说,从没见过像欧进萍那样的学生。在他的宿舍里,除了书还是书,他就用一条床单把自己的那些书围起来,然后坐在书堆中埋头苦读。爱人从老家来看他,他从用床单围着的书堆中爬出来和她说话,之后,又爬回去,闷头读书,没了一点声响。但苦读书不是死读书,了解欧进萍的人都知道他不是"书呆子"。他会拉小提琴,会弹钢琴,我家里举行聚会时,他会用悠扬的琴声为别人伴奏,或者干脆自己边弹边唱。他喜欢唱《长江之歌》以及苏联歌曲。他的交谊舞跳得也不错,读博士时,他每天都去晨练,跳交谊舞是他晨练的一种方式。私人聚会的场合没有欧进萍不热闹,因为他性格开朗,很能活跃气氛。

1988年,在图书馆指导学生欧进萍

从读博士到读博士后,欧进萍有几件事情给我留下了深刻的印象。读博期间,我派他到美国参加会议,会议期间,由于欧进萍的出色表现,美国密苏里罗拉大学①觉得他工作能力很强,有意请他留在美国。后来他从美国打电话征求我的意见,我说:"你的发展应该是在中国,在中国作为主人翁来尽情地发挥自己的才能,而在国外只能做个

---

① 应为密苏里大学罗拉校区,密苏里大学有四个校区。——编者

顾问替别人服务。"放下电话他立刻买飞机票从美国飞回中国。欧进萍先后谢绝了美国密苏里罗拉大学和日本东京大学的长期高薪邀请,进行了短期讲学后就如期返校,继续按原计划努力进行开拓性的研究工作。他的这一爱国主义实际行动受到了组织和社会的高度评价。

博士毕业那年,无论从什么角度来讲,他这个南方人选择回南方都是件顺理成章的事情,但欧进萍却说,还要继续跟随老师学习。他留在了哈尔滨。虽然在之后的不久,他就被国务院评定为博士生导师,但他跟随我的学习却始终没有间断过。欧进萍44岁当选为院士,是中国工程院土木、水利与建筑工程学部当时年纪最小的院士。2004年,我和自己的学生一起参加中国工程院院士大会,对我们来讲,那是一份荣耀。

王志忠是"文化大革命"以后招的第一批研究生中的第1名,他学习特别认真。有一次考试的时候,数学老师出的题目有一个是错误的,他把题目改成正确的然后写上答题过程。他通过努力先做了佳木斯市建筑设计院院长,后来任佳木斯市副市长。他每次来看望我们的时候,进门都要先深深地鞠躬,他说:"谢谢恩师,我永远都忘不了恩师,如果没有恩师的教导,我当不了市长。要是在以前,佳木斯市的人就不知道什么是硕士研究生,只知道本科生,后来突然来了我这样的硕士生,他们反而觉得我更有能力胜任这个岗位。"最后出门时他还要再次深深地鞠躬告别。

季天健是"文化大革命"以后招的研究生中的第12名,他是那时候我招的研究生中最年轻的一个,现在在国际上有一定的名气。我为他开辟了研究道路,他上学期间都表现得很好。他很能闯,胆子很大,在国外没有任何亲戚就独自到了英国,去了一个在国际上很有名气并且总召开国际会议的研究所,一个星期后感觉这个研究所的研究条件和研究工作并不好,没有什么发展,最后就不告而别。后来研究所的领导给我打电话说:"你的学生到我这里工作怎么不告而别了呢?"我说:"我也管不了。"之后他去了伦敦大学边工作边读博士,有时候一根香蕉就算一顿午饭。有一次曼彻斯特大学要招收讲师,有12个人报名,他是12个人中成绩最好的。他于1996年受聘于曼彻斯特大学,为终身教职。

谭东耀在英国研究单位工作,他英语特别好,外国人说不看他的脸,光听他说话还以为是美国人。他常常把录音机随时放在口袋里,一有空闲时间就听美国人对话,边听边跟着练习。他很热爱英语,后来在英国很有成就。

我培养的女学生中有几个比较突出的。谭艺秋在哈工大交通学院道路材料专业做教授,主要研究防止道路结冰方面的问题,最后研究成果在北京得以利用,对于大西北公路正常运行起了很大作用。还有陈艳艳,现任北京工业大学教授,她是北京交通问题的顾问,2001年被评为"北京市科技新星"。她读研期间跟着我做的课题是网络工程系统的优化,后来这个课题作为设计理念应用于奥运会的交通问题上。她在北京奥运会期间对交通问题做出了很大贡献,并且受邀到中央电视台接受采访。

我认为培养学生要建立良好的客观环境和政治气氛,要培养高尚的人生观,建立科学的世界观,并且还要选择正确的科研方向,高标准和严要求。我从来不以权威自居,而是把我的学术思想毫无保留地公之于众,让大家在民主平等的气氛中自由讨论,这样才能为他们显露自己的才华提供最好的舞台!

## 桃 李 芳 菲

科学是具有继承性的。民主、科学、勤奋、求新,这些阐释着科学家们的特质及宝贵品质,我从老师那里获取,继而作为老师传授给学生。思想代代相传,造就了一批又一批杰出的人才。放眼我们的国家,点点星火交相辉映,灿若星辰,那是师生的情谊绵延不绝,还是文明的火炬不熄传承?那一定是无数的科学家们在为中华的振兴,用青春的灯火点燃生命,用生命的烈焰照亮天空。

学生们说:"由于王老师的因材施教,讲课不局限于书本,注重发散思维,不是固守在一个古板的领域,所以使得我们可以成为多个领域的带头人,如交通、航天、农业、林业,这些贡献得益于大系统优化理论、模糊随机过程等。并且王老师招收人才的时候,不只局限于土木工程这个专业,有的原来不是搞土木的,有的甚至已身为副教授却还是愿意拜在他名下继续研习,就是因为王老师不拘一格,所以王老师招收了很多其他专业的学生。"

我很欣慰有这么多优秀的学生,他们也没有辜负我的期望。我最为荣幸的是,我有四个学生成为院士:李桂青、沈世钊、欧进萍、周锡元。[①] 欧进萍在为《中国科学技术专家传略》撰稿时写道:"王老师一贯倡导民主学风,把自己的学术思想毫无保留地公之于众,让大家在民主平等的气氛中讨论。他还把自己的一些比较成熟的科学构思,甚至是半成熟的研究成果交给研究生,并把自己积累的大量资料及时推荐给学生,让研究生们自己解决其中的一些困难问题。"

1955 年,我应邀在中国科学院土木建筑研究所兼职,上面派给我四个助手,周锡元是其中唯一的中专生。但他很有心,我一构思出新方法他就马上求教,问我是怎样想出来的。后来他又搬到我家里住,帮我整理内务之余也增加了许多交流学习的机会。在跟我当助手的六年里,周锡元通过不懈的努力练就了一身过硬的本领,为他后来在工程抗震领域做出杰出贡献打下了基础。1997 年,他被评为中国科学院院士,成为屈指可数的未上过大学的院士之一。

---

① 截至目前,已有 6 位学生成为院士,详见篇末"所培养部分研究生名录"。——编者

我有这么多优秀的学生真的很开心,我平时对学生很好,学生也对我很好,现在我都89岁了,回想这么多年来他们给予我和妻子生活上的很多帮助,我很感动。

我的牙不好,大半口牙都得镶,前后四次镶牙都是学生找的医生。第一次是郭骅的哥哥找的大夫,前前后后大概一个月的时间,都是郭骅的哥哥精心照顾。镶完牙后觉得不太合适,陆念力的妻子是哈尔滨医科大学附属第二医院的牙科大夫,她想再帮我补牙,好多天后补完的牙又不合适,之后没有办法了,吃饭也成问题了。王志忠又托关系找了两个佳木斯市最好的牙科医生,又换了一副牙,结果还是不合适。后来王力得知后说:"我给你找个私人的牙科院长。"她亲自介绍我们去,还打了折扣,那个医生很细心,他给换的牙一直戴了十几年,到现在还没有换过。这半口牙学生们都跟着操心,我真的很感动!

1998年,与女学生共同庆祝妻子生日

学生们对我特别关心。有一次,我得了老年黄斑变性眼病,我妻子和我的学生们都很重视这病,听说石家庄有个大夫能医治,于是我们和秘书孙冬东一起去看病。在石家庄眼科医院住下,刚打针不久,张进秋得知我们在医院,觉得我们在医院打针、吃饭很不方便,也没意思,于是他就把我们三个人接到他自己的家里。我们说:"都已经住在医院了不用那么麻烦了。"他说:"在我家住,回来可以说话、唱歌、看电视,可以玩啊。"住了将近一个月的时间,他把自己的卧室让给我和妻子,我的秘书和他的孩子住在一起,他睡在书房。前前后后去过石家庄两次,他都很照顾。

还有就是吕大刚的爱人是哈尔滨医科大学附属医院的眼科大夫,只要我和妻子的眼睛有什么问题,他的爱人都很热情地给我们做检查。妻子的眼睛动了两次手术——白内障和青光眼,都是他的爱人找的最好的眼科医生,她说:"青光眼不能耽误,耽误会导致失明的。"于是立即找了医生就做手术。

记得有一次,妻子后腰的皮肤上长了个原位癌,王力主动找了一个皮肤科主任,第二天我妻子就做了手术,做完手术后大夫说:"最好去买个特制的电褥子,可以把伤口正好放在带坑的电褥子里。"当时王力正在吃饭,听完之后立即去道外花了一千多元钱买了个回来,正好把我妻子的后背刀口放在坑里面,解决了她的痛苦。

我有次出国到新加坡,带着欧进萍一起去的,回来时我的腿很疼,从新加坡坐飞机到北京,又到哈尔滨,要很长时间,欧进萍让我在座位上躺着,把我的双腿放在他自己的身上,这样一直到哈尔滨。虽然只是一件小事,但是我很感动,表示了他对我的尊敬、爱护和关心。

其实我的学生们都对我很好,好多学生都主动来帮助我。那时从建工小区一号楼搬到四号楼,四号楼装修完之后要搬家,可是屋子很脏需要打扫整理,学生们都来帮助我们打扫。当时妻子给他们分工,大个子的负责上面,棚顶、吊灯之类的;个子中等的弄书架、墙壁等,当时我的书很多,拿过来也很乱,学生们耐心地给我按学科整理,书架上的每个格子都用标签标好,将书井然有序地进行摆放;女学生们多负责底层,她们蹲或趴在地上擦地板、墙角等。他们工作得很辛苦,我们都觉得挺麻烦他们的,我和妻子很感谢学生们对我的照顾。

因为平时我和妻子都没时间一起出去玩,有次顾平要去美国,正好我去沈阳出差,她邀请我们去本溪水洞参观,她一个人那时也没多少钱还请我们玩,最后还把自己的钱包弄丢了。我记得水洞很长,里面有些化石,其实水洞是个地下河流,我们坐着船通过河流可以穿过山。我们玩得很开心,能看出学生对我的情谊很深。

学生们的照顾让我们很感动,他们是如此细心地关心着我们的生活。我为有这样的学生而自豪,也为有这样的学生而觉得很开心、快乐。希望我们的师生情谊永远不变,并且希望他们越来越好!

## 【所培养部分研究生名录】

沈世钊:1933年12月出生,浙江嘉兴人,中国工程院院士,哈尔滨工业大学教授、博士生导师,曾任哈尔滨建筑大学校长。

周锡元:1938—2011年,江苏无锡人,中国科学院院士,北京工业大学教授、博士生导师,中国建筑科学研究院工程抗震研究所研究员。

欧进萍:1959年4月出生,湖南宁远人,中国工程院院士,哈尔滨工业大学教授、博士生导师,曾任哈尔滨建筑大学副校长、哈尔滨工业大学副校长、大连理工大学校长。

杜修力:1962年12月出生,四川广安人,中国工程院院士,教授、博士生导师,曾任北京工业大学副校长。

李　惠:1966年11月出生,山东济南人,中国科学院院士,哈尔滨工业大学教授、博士生导师。

李桂青:1932年9月出生,湖南宁远人,欧洲联盟科学院院士,武汉理工大学、澳大利亚斯威本科技大学教授、博士生导师。

王志忠:1942年5月出生,黑龙江肇源人,曾任黑龙江省佳木斯市副市长。

霍　达:1946年9月出生,河南淮阳人,化工部突出贡献专家,教授、博士生导师,曾任北京工业大学建筑工程学院院长。

季天健:1953年6月出生,上海人,英国"结构工程杰出教育奖"获得者,曼彻斯特大学教授、博士生导师。

陆念力:1955年2月出生,广西隆安人,教授、博士生导师,曾任哈尔滨工业大学机电学院党委书记。

武　哲:1957年2月出生,山西太原人,教育部"长江学者",教授、博士生导师,曾任北京航空航天大学副校长。

张爱林:1961年3月出生,山东莱西人,教育部"长江学者",教授、博士生导师,曾任北京建筑大学校长。

谭忆秋,1968年1月出生,吉林德惠人,国家杰出青年科学基金获得者,教授、博士生导师,哈尔滨工业大学(威海)校长。

吴　波:1968年10月出生,重庆人,国家杰出青年科学基金获得者,教育部"长江学者"特聘教授,国家"百千万人才工程"入选者,华南理工大学党委常委、副校长。

曹万林:1954年4月出生,河北乐亭人,北京工业大学教授、博士生导师。

牛荻涛:1963年10月出生,陕西华县人,国家杰出青年科学基金获得者,教授、博士生导师,曾任西安建筑科技大学副校长。

哈明虎:1963年11月出生,河北肃宁人,国家"百千万人才工程"入选者,教授、博士生导师,曾任河北工程大学党委书记。

杨庆山:1968年8月出生,河南淮阳人,国家杰出青年科学基金获得者,教授、博士生导师,重庆大学土木工程学院院长。

张素梅:1963年7月出生,辽宁兴城人,国家"百千万人才工程"入选者,教授、博士生导师,曾任哈尔滨工业大学土木工程学院院长。

姚熊亮:1963年出生,四川成都人,国家"百千万人才工程"入选者,教授、博士生导师,曾任哈尔滨工程大学船舶工程学院院长。

刘玉彬:1964年11月出生,吉林通榆人,西南民族大学党委副书记、校长。

乔　忠:1957年10月出生,河北涿鹿人,农业农村部有突出贡献的中青年专家,中国农业大学经济管理学院教授、博士生导师。

王东炜:1961年6月出生,河南郑州人,河南省"高层次人才",郑州大学土木工程学院二级教授、博士生导师。

张　鹏:1964年1月出生,上海人,四川省学术和技术带头人,二级教授、博士生导师,曾任西南石油大学建筑工程学院副院长。

谭忠富:1964年11月出生,吉林松原人,教育部"新世纪优秀人才",华北电力大学经济与管理学院教授、博士生导师。

王　力:1964年9月出生,黑龙江鹤岗人,二级教授,黑龙江建筑职业技术学院院长。

张世海:1966年1月出生,河南南阳人,河南省"高层次人才",教授、博士生导师,南阳理工学院副院长。

陈艳艳:1970年出生,河南郑州人,国家"百千万人才工程"入选者,教授、博士生导师,北京工业大学城市交通学院院长。

吕大刚:1970年2月出生,黑龙江铁力人,哈尔滨工业大学教授、博士生导师。

# 科研：
## 在解决矛盾中创新

1959年，我写出第一本书——《弹性及塑性理论》，当时全国只有清华出版的一本《弹性理论》。这是第一本与塑性力学有关的书，当时是在镜泊湖全家休息的小楼上写的，妻子与女儿们在楼下玩耍，我在楼上写，很是惬意。但是在出版的时候遇到一个问题，当时建筑工业出版社让我进行校对，我的校对稿还没寄回去，出版社就把书出版了，这让当时的我很生气。

第二本是我和周锡元院士一起写的《单层工业厂房的振动》，当时我和张有龄在全国进行了调查，这是一本最早的介绍空间理论、整体计算理论的书。

二十世纪五十年代，国内没有人研究地震对建筑物的作用，于是我翻译了苏联的《地震力的工程分析法》一书，并于1965年出版。

高等教育出版社在重庆建筑工程学院组织了一个活动，我去给来自全国各地的400多人讲课，讲完以后出版社整理出版了《应用分析动力学》。1985年，我们教研室翻译了《材料力学》，全国各个学校都采用了这个教材。1987年，应高等教育出版社之约，我在内蒙古讲完学，写了《结构优化设计》一书，并和董明耀共同出版。1990年我完成了《工程软设计理论》一书，1992年由科学出版社出版，这本书是我很多工作的总结。1993年出版了《模糊随机动力系统理论》，当时国内随机的理论比较成型，但是模糊理论则是刚刚提出。1996年出版了《工程结构系统软设计理论及应用》一书，当时陈树勋编写了后面的几章。2001年出版了《工程结构及系统的模糊可靠性分析》，这本书研究的过程更加符合实际。2005年出版了《结构智能选型：理论、方法与应用》，这本书是根据我的研究成果写成的，前两章由我自己完成，后面由吕大刚写的。最后一本是《抗震结构的最优设防烈度与可靠度》①，由我和大连理工大学合作写成。

## 科研选题与科研方法

科研选题和科研方法是广大科技工作者共同关心的话题。我曾结合自己的科研实践，为青年教师与研究生讲了这两个问题，分析了我们应该如何进行科研选题，并在其中渗透科研方法的问题，然后就科研方法进行了系统的阐述。

**科研选题**。如何选择科研方向，如何缩小研究领域，如何确定科研课题是很关键的。科研方向即研究领域，是研究的战略性抉择，科研方向好与不好将影响我们很长时期的研究情况。我将科研方向的选择放在极为重要的位置，在我的老师那一代，也就是二十世纪三十年代至五十年代的土木工程学科，大家的毕生精力都放在了超静定问题的计算简化上。在当时，研究这个课题是十分重要的，因为在没有快速计算工具的条件下，计算大量的代数方程组十分困难，必须加以简化。在这个领域，中国的老先生们提出了很多十分巧妙的方法，但这只是一个代数方程组求解的问题，学术水平太低，计算机一出现，那些方法就全部没用了，他们的研究在历史上并没有留下什么痕迹。可见研究方向是受客观条件制约的。

我一直强调："不要一心只想搞科研，把教学当作负担，培养后代是我们对中国最大的贡献，对教学的重视程度要高于科研。"过了教学关之后，我开始有计划地搞一些大研究项目，这时首先遇到的问题就是选择什么样的科研方向。当时土木工程专业最热门的就是"线弹性薄壳计算"，到底搞不搞这个方向？经过分析，我很快否定了这个方向。首先弗拉索夫的线弹性理论已经相当完备，其次利用有限元进行

---

① 本书1999年由科学出版社出版，非时间顺序上的最后一本。——编者

计算的计算方法已经十分完善,而且计算机的出现使得计算手段已经相对完备。理论、方法、手段都已经很成熟,已经没有太多的研究空间了。但是当时为什么大家都钻在里面不出来呢?是因为好出文章!有时候把一个边界条件一换就成了一篇论文了,但是当时出的那么多论文现在几乎没有被提及的。我告诫大家在进行方向选择的时候,不要急功近利,盲目赶时髦,选择的科研方向一定要代表学科的发展方向,它不应是一个很完善的东西,而应是一个正在发展并将要大力发展的方向。

学科的发展是一个不断上升的过程,只是其发展有时处于陡坡,有时进入缓坡,任何事物的发展都脱离不了周围事物的影响,它们在相互制约着。力学结构的问题常常卡在一个数学问题上,甚至卡在一个数学概念上。比如结构优化设计,结构研究方案有无限多种,但什么方案最好?从无限多种方案中选出最优的方案,这就是结构优化设计,这是多么朴素的概念,二十世纪初就有人提出。但为什么从提出到二十世纪六七十年代的几十年里没有什么大的发展呢?一是力学跟不上,二是这种无限选一的问题当时没有计算手段。由此可以看到,所谓学科发展的缓坡,就是约束因素基本不变,学科只能够缓慢地发展;一旦一个或多个束缚因素被突破,学科便进入快速发展的陡坡阶段。科学工作者要有敏锐的目光,能对学科的发展趋势做出准确的判断,尤其是要能够及时把握学科发展的陡坡,用自己富有成效的工作推动其发展。

研究方向最初只能是一个很大的方向,在研究实践中才能逐渐地把它的范围缩小,科研方向的选择必然要符合学科发展的需要,其实我在1956年以前就开始为科研做准备了。我初步的想法是选择结构动力学作为研究方向,理由很充分:从理论上来讲,静力问题只不过是动力问题的特殊情况,从静力的研究发展到动力的研究是必然的,以前只研究静力是因为动力研究不了,而不是不该研究。从当时的条件来看,当时的结构动力学已经有了萌芽,在理论和应用上都有一些著作,如瑞利①的《声学原理》已经完全具备了线弹性理论,还有铁木辛柯②写的《工程中的振动问题》一书等;再从学科方向的发展潜力上来看,当时相关的理论和方法并不完善,研究空间很大。

除了学科需要之外,还应该注意一些什么样的问题呢?我着重提出了个人的兴趣和国家的需要这两个方面。选择自己感兴趣的方向才能够扬长避短,事半功倍。而兴趣从哪里来呢?兴趣既来自你自己对它的了解,也来自你自己的知识结构。当时我国的结构动力学领域还是空白,1952年,哈工大在全国率先开设这门课程,我们在这一方向是有优势的,所以我把结构动力学确定为科研方向,从20世纪50年代至今,虽然课题换了不少,但研究领域再也没有变过。

1988年,在哈工大授课

---

① 瑞利(1842—1919),英国物理学家,1877年出版了两卷《声学原理》,开创了现代声学的先河。——编者

② 铁木辛柯(1878—1972),出生于乌克兰,曾在美国密歇根大学、斯坦福大学任教,著名的力学教育家。——编者

选择了大的科研方向之后,我们要将范围缩小,即确定小的方向。1956年以后,我决定进入结构动力学领域进行研究。结构动力学问题分为两个方面:一是荷载,二是结构。动力荷载多种多样,有地震荷载、风荷载、机器引起的震动荷载等等,每一种荷载都有不同的性质,对同一结构的作用效果也各不相同,同时结构也是多种多样的。所以结构动力学里面的小方向很多,究竟应该选哪一个呢?

　　1955年国务院发布了一个文件,号召全国的科研工作者研究十大问题,土木工程领域的"抗地震结构的计算方法"是其中之一,这个工作交给了中国科学院的土木建筑研究所。当时我在全国率先开了这门课,而且已经写了一本结构动力学讲义,哈工大在全国处于领先的位置,所以当时土木建筑研究所的所长刘恢先①先生邀请我参加此项研究。在中国,结构动力学当时几乎是空白,发展潜力很大,而地震工程是结构动力学中最为复杂的问题,得出的成果很容易推广到其他各个方面,再考虑到自身的优势和国家的需要,我毫不犹豫地接受了刘恢先的邀请。

　　这就是我选择科研方向的大体过程。对此我总结出一句话:我们对科研方向的选择,既要符合学科发展的要求又要符合国家的需要,既要符合自己的兴趣又要考虑自身的知识条件。

　　科研方向选定之后,面临的是科研课题的选择。我认为,选择科研课题的原则与选择科研方向的原则是一样的,也就是要全面地考虑学科发展、自身条件和国家需要。进行选题之前,一方面是要对该课题有个比较全面的了解,另一方面是要看清楚影响其发展的主要矛盾是什么,在当前的条件下有没有解决的可能。

　　我的第一个课题是地震力理论,研究的是地震时的地面运动模

---

① 刘恢先(1912—1992),江西省莲花县人,中国科学院院士。中国地震工程学的奠基人之一,被称为世界地震工程之父。——编者

型,这是地震工程最基本的问题。我之所以对它感兴趣是因为发现了当时其研究的一个致命矛盾。我们知道,不同动力特性的结构受到同样的地震影响时振动是有差异的,而且差异很大。研究地震力理论首先要解决结构的动力特性的问题,结构的动力特性分为3个方面:频率、振型、阻尼。最开始的静力理论将地震当作等加速运动,把惯性力简单地表示成为质量和系数的乘积,这显然是不合理的。后来人们又把地震看作简谐振动,可是这也不符合实际情况:我们注意到简谐振动有一个很突出的现象,那就是共振,而实际地震过程中结构并没有与地震波产生明显的共振,这是因为地震的振动不是单一的简谐振动,而是由许多个振动波组成的。在简谐振动理论的指导下,人们进行结构设计的时候假设的地面震动频率不同,结构的反应也不同,这样"结构设计就取决于设计者本人的假设了",这显然是不行的。后来又稍微修正了一下,改成一个衰减的简谐振动,但问题还是没有解决。

　　我开始研究这个问题的时候,有关理论发展到了将地面震动模拟成一系列的衰减的简谐振动的叠加,这是苏联的最新理论。可是所有的理论都有一个共同的问题,那就是"地震参数假设的主观性"。在这些理论之下,假设的参数不同,结构的振动响应也不同,结构的响应取决于你本人的假设,这怎么指导设计呢?其关键问题就是:无论你把地震的地面运动假设成一个什么样的情况,只要你把它假设成了一个时间的定函数,它就不符合实际情况。经过这些分析,我得到了一个结论:地震力理论已经走到了死胡同!以往的理论一律不行,到这个领域来进行研究大有可为!

　　正在这个时候,我看到了美国的豪斯曼教授的一篇论文,论文中提出,地震的振动是随机的,不能够表示成时间的定函数。这篇论文的观点很简单,但打开了随后几十年地震工程研究的全新局面。这篇文章又是有缺陷的,它在解决这个问题的时候引入了一个最简单的随机振动过程,即马尔可夫过程,经过分析我们不难发现它并不符合实际。首先它是不连续的,而实际的地震过程是连续的;其次它是无后效的,也就是说前面的过程对后面的过程不产生影响,而实际的地震过程是有后效的。于是我进一步得出结论:这篇文章的观点是具有开创性的,但是提出的方法是错误的。

找出了问题的所在,我开始自学概率论、数理统计、随机过程论,做好数学上的准备,最后我选择了高斯连续过程作为地震时地面振动的模型。但是这里面还有一个很大的困难,那就是高斯连续过程没有成熟的理论来解决过程的非平稳问题。

这就是我选题的过程,此后我很长一段时期内都在研究随机干扰下的结构振动问题。

**科研方法**。关于如何对待科研选题,我很喜欢一句话:"没有特别坏的课题,只有不恰当的研究方法!"我就曾经有一个课题并非自己选择,但是通过创新性的研究方法,我在这个课题上取得了重大成果。

二十世纪五十年代末,上级派下来一个任务课题:工业厂房的振动问题。原本已有相关的研究小组,但他们沿袭以往的研究思路,把空间厂房在概念中切成一片片,粗糙地进行平面简化,认为屋盖是单跨时为单自由度,多跨则为多自由度,没有什么研究必要,要求撤掉课题组。但是这个任务不能不完成,于是分配到我所领导的课题组上。说到这里,我强调:"先要把影响问题的关键在哪里搞清楚,然后才能进行研究。"工业厂房是一个整体,它的各排架之间是相互制约的,这一点在振动的时候表现得尤为明显。于是我召集小组开会时说,工业厂房振动问题的关键是要将其作为一个空间整体结构来研究,而不能把它切成一片片进行平面简化后来研究。

这个思路指导我的课题组很快取得了成果,并在世界上率先建立了"厂房空间振动理论",这个理论于1964年被评为国家重大科研成果,并在各种设计规范里得到应用。可见我们研究课题的时候,首先是"看矛盾",只有把主要矛盾抓住了,你才能够有效地进行研究。上面提到的地震力理论的主要矛盾是振动的随机性,所以我们从振动的随机性着手研究,而工业厂房振动问题的主要矛盾是空间整体性,所以我们将它作为一个整体来研究,抓住了主要矛盾,我们的研究都取得了很好的效果。

"四人帮"倒台后,我开始了新的研究历程。随着计算机的广泛应用,世界上出现了很多新的学科,我选择"结构优化设计"作为自己的课题。当时世界上的结构优化设计都是对单个的结构进行优化,但工程项目包含着若干结构,形成一个以结构为单元的系统,各单元分别优化,结果组成的系统并不优化,项目的优化常常需要某些部分做出牺牲。所以我在二十世纪八十年代就提出工程项目的全系统优化的概念,即应该将各个元素放在工程整体中来考虑如何优化,以达到总体设计最为优化的目的。后来我又提出全寿命优化的概念,认为优化应该贯穿在工程项目的全部阶段,如可行性论证、结构选型、工程施工、建成以后的管理等。这两个概念使我们形成了工程项目的全系统、全寿命优化设计的理论,我的很多学生都在这个领域内进行研究,并取得了引人瞩目的成果。现在我们的可行性论证优化和结构选型优化的研究已经完成了,成果著作即将出版;设计优化的问题也很快将要完成了,成果著作也将出版。①

建成以后管理的优化问题,我的学生欧进萍主持在渤海油田进行研究并且取得了突出的成果,建立了海洋平台结构安全评定与维修决策理论。说到这里,我需要指出:"施工优化的问题我们并不在行,没有做什么工作,还需要更加专业的人士投入精力。"

选题完成之后,要经历的是扎实的科学研究过程。我着重就这个

---

① 王光远院士1992年在科学出版社出版著作《工程软设计理论》,1999年在中国建筑工业出版社出版著作《工程结构与系统抗震优化设计的实用方法 基于最优设防烈度的抗震结构与系统的优化设计》,1999年在科学出版社出版著作《抗震结构的最优设防烈度与可靠度》。——编者

问题做了系统的论述,讲求科研方法,首先要使自己的理论与实践相符合。在研究工业厂房振动的时候,我认真地了解国外的情况,当时世界上只有苏联做过一些静力学的实验,我看到了苏联的文章,并设法搞到了他们的实验数据。我觉得他们的论文十分荒谬,理论与实验严重背离!经过仔细分析才知道,他们在进行研究的时候将空间问题粗糙地进行平面简化,把工业厂房屋盖的变形问题当作材料力学中的弹性支座上的弯曲梁问题,认为它的变形以弯曲变形为主,剪切变形可以忽略。当以这样的概念为指导而得出的理论值和实测值严重背离时,不是另寻思路,而是将相差几十倍甚至形式都不同的理论值和实验值强行捏合在一起,不仅得不到能够正确指导结构设计的理论,而且在学术上犯了很大的错误!我在一系列的实测之后提出:"工业厂房屋盖变形不是以弯曲为主,而是以剪切为主,弯曲变形可以忽略。"在实事求是的科学思想的指导下,我的课题组很快地得到了全新的理论。后来他们做了一些实验,接着测试了一些真实的厂房,实验结果和苏联的不一样,与苏联的理论结果截然不同。苏联的错误在于固守理论,而不尊重实践。从上面的例子我们可以得出这样的结论,当理论和实践发生冲突时,实践是第一位的,只要你的实践真实可靠,不是虚构的,它就具有可信性。理论与实践不相符,我们要考虑的是如何修改理论,而不是如何修改实验结果。

  研究的时候一定要有创新的思想,这是大家很关心的问题。什么是创新?创新绝不是标新立异,标新立异是不可能得到真正的创新的,创新是根据自己长期、深入的科学实践,来发现矛盾,解决矛盾。数学是一种工具,有了基本的数学基础和比较宽泛的数学常识之后,最关键的是你对课题所包含的概念的认识。为了说明这一点,我举了自己将模糊数学引入地震工程的例子,我们知道地震工程有一个很重要的概念,那就是地震烈度,地震烈度需要由各种指标综合描述,其中各国用得最多的指标是地面的最大加速度。例如7度是一个区间,

8度是一个区间,地震时地面的最大加速度落在哪个区间内,地震烈度就是多少度。但是另一方面,《建筑抗震设计规范》中规定,7度比8度的强度高一倍。两者显然不能在全区间内同时被满足,尤其是在7度和8度的边界上出现跳跃,这样的问题我们无法从概念上加以解决。

我在二十世纪五十年代就注意到了这个矛盾,但是受当时的数学发展所限,没有办法解决。"文化大革命"结束后,出现了模糊数学,我以自己的敏锐察觉了两者的联系,于是提出可以将模糊数学原理用到工程抗震中去,用通俗的语言可以这样描述:地震烈度中7度是一个区间,8度是一个区间,它们之间是有边界的,但是这个边界是模糊的,两个区间之间不是跳跃的,而是逐渐过渡的,边界附近的部分对两边的区间都有隶属程度。我1978年在美国做报告的时候宣读了自己的论文,这是世界上将模糊数学应用到地震工程中的第一篇文章,引起了世界结构动力学权威克劳夫[①]的注意。很快,这篇文章就在克劳夫主持的《地震工程与结构动力学》上发表,后来这个成果获得了国家自然科学三等奖。

回想起这件事,我深有感触,我在这里使用了最新的数学手段,但并不是为了标新立异,而是因为我在长期的科学实践中发现了这个矛盾,并恰恰找到了能够将其解决的新手段——创新来自对问题主要矛盾的正确分析并设计办法将其解决。科学是具有继承性的,创新是在前人工作的基础之上进行的,只要在前人的基础上运用新的思想、新的手段再进一步就是创新。因此我们应该放眼看世界,大量地汲取国内外的最新成果,使自己的科学研究站在一个更高的起点上。

我建议大家能够认真地学一点哲学。我1953年专门花了半年的

---

① 克劳夫(1920—2016),中国工程院外籍院士,美国国家工程院院士,美国国家科学院院士,结构工程与结构力学专家,地震工程专家。——编者

时间学习哲学，读了大量的哲学书籍，马克思和恩格斯的、列宁和毛泽东的。有些很难懂，最后我得出一个结论：我们一般的科学工作者学哲学不必看过多很深的东西，只要把毛泽东的《实践论》和《矛盾论》看通看透就行了。这两篇文章写得很精彩，运用最通俗的语言，将哲学的基本观点阐述得十分清楚。希望同志们和你们的学生在科学研究中能够恰当地运用一些哲学的观点，这样有助于更好地发现问题、解决问题，使科研工作更进一步深入。

# 建筑结构整体空间作用的计算理论

二十世纪五十年代以前，在建筑物的分析和设计中都是把真实的结构假想地切割成一系列平面体系进行计算。实际上建筑物的各个部分是相互影响和相互制约的，形成一个空间整体，它和平面体系的工作状态是很不同的。

二十世纪五十年代后期，我在中国科学院土木建筑研究所兼职期间，与我的助手周锡元、徐祥文和肖光先进行了各种单层厂房的大模型静力和动力试验，首先证明了厂房整体的振动和单片平面排架的振动不仅有量（频率）的不同，而且有质（出现多组空间振型）的不同；同时证明了厂房横向变形和振动时，各排架只在本身平面内移动，宏观上形成屋盖以剪切变形为主的现象，而弯曲变形可以近似地不予考虑。这和苏联专家提出的基本假定是截然不同的。

我们在此基础上建立了工业厂房空间整体静力和动力的计算理论：各层楼板和屋盖被简化为一组剪切梁，而横向排架、框架和山墙构成了上述剪切梁系的弹性约束。为了检验这个理论和取得刚度参数的数据，我和我的助手们还对十几座真实的厂房进行了实测。结果证明，这个理论不仅计算简便，而且非常符合建筑物的实际工作情况。

此项研究成果被评定为1964年国家重大科研成果，被一些设计规范所采用,并于 1978 年在全国科学大会获奖。

## 结构模糊优化设计理论

由于结构设计是根据现有的信息,利用试验和计算的办法,预测各种设计方案在其未来使用期间的各种表现(位移、应力等反应),所以具有强烈的不确定性。首先,结构未来工作环境是不可能准确预知的,这就是荷载的随机性。其次,荷载还常常具有强烈的模糊性,例如地震荷载与地震烈度和场地分类有关,而烈度和场地分类都是模糊的。此外,结构设计方案优劣的标准(目标函数)和结构反应的允许范围(约束)也都具有模糊性。过去的结构设计都不考虑这些不确定性,不但使设计不够合理,而且出现了一些不可解决的矛盾。

二十世纪四十年代后期,苏联首先考虑结构设计中的随机因素,将概率论和数理统计的方法引入结构设计,产生了安全度理论,以超载系数、材料匀质系数和工作条件系数来考虑荷载、材料和环境的一些随机性因素。这个理论受到各国的重视并纷纷加以研究,其继续发展就形成了现在的结构可靠性理论。

我和我的学生王文泉进一步考虑了结构设计中的模糊因素,于 1984 年率先在国内外发表了《结构模糊优化设计理论》,使设计中得到的不再是一个所谓的"最优解",而是一族"满意解"。这样,就可以在满意解族中做进一步优选,找出正式采用的设计方案。这项成果获得了 1987 年国家教委科技进步一等奖和 1987 年国家自然科学三等奖。

在此基础上,我和我的学生陈树勋和谭东耀进一步提出了多目标多约束的普遍型结构模糊随机优化设计理论,这个成果还推动了模糊数学的发展。

在研究过程中,我发现在结构设计中还存在第三种不确定信息,我称之为"未确知信息"。它是由于条件限制,在进行设计时尚无法确知而又必须利用的信息,也就是说,它是由于决策者所掌握的信息不足以确定事物的真实状态和数量关系而带来的纯主观的认识上的不确定性。

在充分考虑上述三种不确定性因素和充分利用人类经验的基础上,我将这种优化设计称为"软设计"。我和我的学生武爱虎又提出了结构软设计的实用方法。

目前,系统的可靠度被定义为系统在使用期间能正常工作的概率,这说明只考虑了事物的随机性。我在研究结构软设计理论过程中,提出了"广义可靠度"的概念和计算方法,即在系统内部或系统所处环境中的任何不确定性因素(随机性、模糊性和未确知性)都会导致系统工作状态的不确定性,从而带来系统的可靠度的各种问题。

## 模糊随机振动理论

二十世纪五十年代后期,苏联、美国、日本和我国同时开始考虑风和地震过程的随机性,不约而同地把风和地震对结构的作用模拟为平稳和非平稳高斯型连续随机过程,从而在二十世纪六十年代很快就形成了结构随机振动理论。我从 1957 年就开始这样做,我的研究工作理论上在当时是领先的,但由于缺少统计资料和快速计算工具,论文发表较迟。

1982 年,我开始研究地震烈度和建筑场地分类的模糊性。由于地震时地面运动的模型与地震烈度和场地分类有密切关系,这样便产生了模糊随机干扰和结构的模糊随机振动的概念,但要解决这个问题却遇到了严重的数学困难。

先从比较简单的情况下手,我和我的学生欧进萍于 1985 年提出将地震地面运动模拟为具有模糊参数的随机过程,并给出了计算方法。后来,我们仍在继续研究模糊随机干扰下结构动力反应(模糊随机振动)的普遍性理论。为此,我们提出了动态模糊集合、模糊过程、模糊随机过程等概念,这就把模糊数学从静态推到了动态。这项研究成果,使欧进萍1988年获得了首届霍英东青年教师基金。

1982年,提出地震烈度的模糊综合评定法;1983年,提出桁架结构设计的两相优化法;1985年,提出了竖向地震作用下高耸结构纵向振动的计算方法;1990年,提出具有耦联因素的抗震结构建筑场地等级的模糊综合评定方法;1990年,提出结构服役期间的动态可靠度及其维修理论的初步框架;1990年,提出未确知信息的概念及其数学处理方法。

我还提出了建立工程软科学的思想。我认为,工程科学是根据工程的目的,以效益和经济兼顾为准则,对各级各类工程问题进行决策的科学。从软科学的定义来看,它基本上属于软科学的范畴。从土建工程的性质来看,相应的工程软科学应包括:(1)工程项目的可行性分析与论证;(2)工程系统的组成和结构选型;(3)工程系统的全局优化;(4)结构的不确定性优化设计(结构软设计);(5)工程系统和结构的实施(建造)规划;(6)工程系统和结构的科学管理和维修;(7)工程系统的经济学与设计心理学。

在研究方向上,我提出必须建立以下基本观点:决策的优化意识,工程大系统的全局观念,不确定性信息处理的科学化,充分利用人的经验,以及工程科学的人工智能化。概括起来,我的关于建立工程软科学的建议可以归结为以下三点:工程科学的研究对象,应该从对单个结构的研究扩大到对工程大系统的全局性综合研究,甚至还可以通过工程项目的可行性论证与全社会耦联起来。工程科学的研究内容,应该从结构的分析和设计扩大到工程寿命的全过程,即研究从工程项目的可行性分析开始直到工程中各个设施报废的全过程中所包含的一切问题。工程科学的研究手段,应该从以力学分析和结构试验为主扩大到充分利用专家经验和软、硬科学的一切成就。

## 未确知数学

"未确知数学"是我根据建筑工程理论研究的需要提出的。这开创了一条研究"未确知信息"的数学表达和处理方法的全新路子。这部分内容基本解决了我提出的"现在对这种'不完整信息'还没有适当的数学工具来表达和处理，亟待研究"的问题。

有别于随机性和模糊性的"未确知性"是被人们已认识到的客观现实所提供的又一种新的不确定性。"未确知数学"研究的是"未确知量"和"未确知信息"。我们所介绍的"未确知量"与"灰量"在性质上有较大的一致性，这表现在就其量的已知程度上而言，都知道一部分且都不全知，但就其各自的定义来看二者又有重要的区别，其区别表现在灰量的已知信息量少于未确知量的已知信息量。有时，在人们只需用灰量即可满足要求的地方，用未确知量来表示就可能显得烦琐而不必要。但在有些实际问题中，所提供的信息量多，若用灰量表达往往失掉某些信息，使问题解决得过于粗糙。在我的建筑工程理论研究中，需要的是具有更多已知信息的未确知量，而不是灰量。由于这些区别，在数学上就形成了不同的数学概念。两者都是当前世界上人们正在研究的"不完整信息的数学处理"的手段。

当前，关于不完整信息的研究除"灰色数学"和"未确知数学"外，国际上主要还有以下两个学派，即美国学者 G. Shafer 的"信度理论"学派和模糊数学创始人 L. A. Zadeh 的"可信度理论"学派。这两个学派的研究，从表面上看与未确知数学研究的路子不同，似乎是各执其事互不相关，但实际上都在处理现实中的类似对象。因此，只要方法符合实际，那么它们之间一定会有密切关系。以"可能度理论"为例，经分析可知，L. A. Zadeh 的证据合成规则中的综合可能度 $\pi(x)$ 和未确知数学中的集合交运算法则中的 $\pi(x)$ 之间只差一个常数因子,当考虑到可能度只有相对比的意义时,将会发现 L. A. Zadeh 的合成法则就是未确知数学中的集合交运算法则。从这里可以看出,两大学派的研究实质上是关于未确知数学中的一种特殊集合(有限离散论域情况下的经典未确知集合)的交运算方面的研究。所以"未确知数学"是对未确知信息数学处理方法的全面的、一般性的理论研究。

未确知数学这一新的数学理论,首先把不能表达未确知信息的实数进行推广,形成了包括实数在内的新数系——未确知数系,这一新数系不但是实数系的推广,而且以拓广实数为契机,把原数学的许多领域,如集合、顺序、函数、极限等一一拓广,从而出现了"未确知集合""未确知顺序""未确知函数""未确知极限"等相关的数学内容,由此建立起被称为"未确知数学"的数学理论。

1990 年,我在《哈尔滨建筑工程学院学报》上发表了《未确知信息及其数学处理》,这篇论文可以说是揭开了未确知数学的第一页。之后,经河北煤炭建工学院等几所院校几位教师的共同努力,初步形成了"未确知数学"的研究框架。目前,有的内容已初步形成了"未确知数学"体系。主要有如下方面的内容:未确知数、未确知顺序、未确知集合、未确知函数、未确知极限等。

另外,关于未确知概率、未确知测度、未确知拓扑空间、未确知群等内容也在趋于完善。还有未确知系统理论设想、未确知数学的应用理论、未确知数运算程序、未确知数学在专家系统理论中的应用、未确知数学在煤矿建筑中的应用、未确知数学在区间分析中的应用等正在进一步研究中。

不确定性信息在现实生活和各种科技活动中到处可以遇到,就像数量到处都可以遇到一样。作为表达和处理未确知信息的未确知数将会和实数一样应用到各种科技领域之中,这是自然的。

# 工程大系统的全局性优化理论

目前,国内外的工程优化都局限于对单个结构设计的优化,但一个工程项目大多是由一系列结构所组成的工程系统,对各个结构单独进行优化后所组成的工程系统却并不一定优化,这是因为全局利益往往要求某些局部做出牺牲,只对各个局部分别进行优化就是割裂了各局部间的联系,因此,研究工程大系统的全局性优化理论和方法是个十分重要而又十分困难的课题。我自1983年开始研究,直到1989年才初步建立了比较简单的工程系统的相应的理论。

工程项目是各种各样的,它们形成不同的系统,应该有不同的计算模型。作为理论初创,我和我的学生谭东耀首先研究了递阶串联系统型的工程项目。这种大系统由若干级的子系统组成,每一级包含若干子系统,它们都是必不可少的,也就是说任何一个子系统的失效都将导致大系统的失效。若将较简单的并联部分作为一个子系统,对土建工程而言,这个计算模型就可以有较大的覆盖面。

我采用所有结构、子系统和大系统的可靠度作为指标进行全局优化,优化的目标函数中包括当前投资(造价)和长远经济效益(失效损失的期望值),经过结构、子系统和大系统间的不断协调,求出工程大系统的最优可靠度分配,然后各个结构就可以按其最优可靠度进行本身的优化设计。这就是在工程系统全局的优化指导下的结构优化设计。

我和我的学生们还在研究各种更复杂的工程系统的全局优化问题。例如,以网络系统作为各种生命线工程的计算模型,以及各种串并联组合系统等。

此外,工程系统中还存在强烈的模糊性,例如系统中各元素逻辑关系的模糊性、干扰因素(荷载等)的模糊性和各元素及子系统失效准则的模糊性。目前,我们正在逐步深入地研究这种"模糊工程系统"的全局优化理论和技术。

# 工程软设计理论

以"决定论"为基础的科学模式认为,事物之间存在严格定量的因果关系,过程序列中每一个环节都被上一个环节的输入所单义地决定,并由此引起对下一个环节的确定性的输出。反映在力学上,一切运动都是由初始条件、边界条件、运动方程和外界干扰所决定的,答案是唯一的。此外,这种模式认为一切信息都是确定性的、绝对的。

从总的趋势来看,目前自然科学和技术科学的很多领域都正在从"决定论"向"选择论"的方向发展,使得有些"硬"科学出现"软化"的倾向。与此同时,过去无法进行运算的"软"科学逐渐向程序化发展,有"硬化"的倾向。产生这种趋势的根本原因有二:首先是某些事物之间因果关系的不确定性和某些信息的不确定性(包括随机性、模糊性和未确知性)正在得到普遍承认并逐步得到正确处理;其次是人们还认识到,在人类社会中,人对事物的发展应该更积极主动地参与,使其更符合人类的需要。人的干预是"选择论"的核心。实际上,人类的认识和实践活动之所以是能动的、创造性的,其本质就在于人类具有独特且自觉的选择能力。因此,人类的经验是宝贵的,正确的决策离不开人的经验。正像钱学森同志所说:"一个系统应该有人的干预,在概念上可以把人包括在系统之内。"(光明日报,1979 年 11 月 9 日)

设计领域包括人类在解决各种问题时对方案的构思和规划的一切活动。构思的目的是建立或产生解决问题的各种方案,而规划是对所有可用方案进行优选。

我们认为,当前在土木建筑工程设计领域中有几个重大问题亟待解决并可能解决。

**工程设计理论的第一个重大问题：工程系统全局优化设计的概念和方法。**这是一个影响整个工程的社会效益、经济效益的重大战略性决策问题，它包括工程的可行性分析与论证、总体布置（工程系统的组成）和大系统优化的方法和技术。工程项目的可行性分析和总体布置具有强烈的软科学的性质，它们的研究对象不仅是自然环境和科学技术，而且包括人和社会的因素，必须从国家的经济政策、建设方针出发，结合地区的资源条件、社会需要与可能，以及有关企业配套来考虑，并且将广阔领域的知识有机地结合起来才能解决。

工程大系统优化的问题难度很大，从系统工程的观点看，人们都知道，各个局部单独优化而后组成的总体并不一定优化。但当前的状态是，人们还只是研究各个结构的优化，并没有考虑工程系统全局的优化问题。主要困难在于无法建立各子系统之间及结构之间的联系约束，找不到合适的协调参数。经过多年的研究，我们初步解决了这些问题。在工程软设计理论中，我们将提出工程系统全局优化的方法和技术。这个方法不仅非常合理，而且十分简便实用，它解决了整个工程项目中总可靠度及总投资在各子系统和所有结构间的最优分配问题。

**工程设计理论的第二个重大问题：不确定性信息和因素的处理方法。**在结构设计中，设计方案好坏的标准、约束条件、荷载等级（如地震烈度）、场地土分类等重要因素都具有强烈的不确定性。现有的结构设计理论在信息处理上采取两种极端相反的手法。例如结构设防水平的决定是结构设计的战略性决策，但由于不确定性因素过于强烈，无法进行科学处理，只好由决策者"拍脑袋"决定，而转入结构变量设计以后就走另一极端，把一切信息和各个环节的因果关系都看作严格的确定性的事物，以致出现多种矛盾，长期无法解决。

在结构设计中考虑上述各种不确定性因素，将使设计的目标函数和约束条件软化，因而得到的不再是唯一的所谓"最优解"，而是一系列"满意解"，从而增加了可选择性，为多层次的优选创造了条件，我们称之为"结构软设计理论"。

我们主要介绍了各种不确定性因素和信息的数学处理方法,结构软设计理论包括结构不确定性优化设计理论、结构的广义可靠性理论和实用的结构软设计方法。

**工程设计理论的第三个重大问题:缺乏对已建成工程的科学管理(控制)和维修问题的研究。**到目前为止,土木建筑界的工程理论工作者和工程师们的主要精力只是放在对结构设计方案和施工规划的研究上。工程建成后,就移交使用单位而不再过问,但对于任何工程问题,设计不是目的,使用才是目的。为了保证已建成工程经常处于良好的工作状态,它仍然离不开土建工程师。这就是从土建工程和结构工程的角度与使用领域的工程师配合,使工程系统总体和各个结构能为企业或其他使用单位的最佳运转状态更好地服务。

此外,已建成工程体系和真实结构的研究成果和经验,将成为工程大系统优化、结构分析和设计理论的反馈信息,从而必将成为推动这些理论发展的有效途径。

**工程设计理论的第四个重大问题:如何充分利用专家知识的问题。**过去决定论的科学模式长期统治着人们的头脑,它们常常从贬义角度来看待人类经验的运用。当一篇论文全部是数学推导时,有些人就认为它水平很高;当一篇论文在解决某些问题中需要靠人的判断时,就被贬为经验性的东西。实际上,人类的一切成就莫不依赖于人类的经验,经验是最可宝贵的东西,而且只有充分利用有关的多领域的科学成就才能更有效地利用人的经验。过去靠拍脑袋决定的一些软问题的程序化和科学化,比解一个"硬"的力学和数学问题要困难得多。正是为了能最充分地发挥专家经验在解决各种问题时的作用,以先进的计算手段为基础,近年来才开发了各种相应的专家系统。

**工程设计理论的第五个重大问题:目前的结构设计都只考虑结构建成后使用过程中的安全问题,而较少考虑结构在施工中的受力过程。**

后者是十分复杂的问题。例如斜拉桥在施工过程中,结构本身就在不断变化,受力情况又很严峻,如不认真进行力学分析和设计,轻则会使结构受到损伤,重则会造成施工中的倒塌事故,这是屡见不鲜的。这个问题的逐步解决,必将形成一个崭新的工程学科分支——施工力学与设计。

工程软设计理论是我们在工程设计理论方面研究成果的总结,这批研究工作是从1979年开始的。头两年主要研究一般性的结构优化设计方法。1981年,我开始探讨利用模糊数学的方法解决地震工程中的一些重大矛盾,同时开始研究结构模糊随机优化设计理论和结构的模糊随机可靠性理论。1983年,硕士生王文泉开始协助我进行这两项研究工作,做出了贡献。王文泉工作勤奋,思维敏捷,不幸英年早逝,令人痛惜。1987年,博士生谭东耀开始协助我进行结构模糊随机优化设计方法和工程大系统全局优化技术的研究。此外,博士生武哲在结构最优设防水平的模糊决策方面,博士生陈树勋在普遍型模糊规划方面做出了贡献。博士生欧进萍的主要工作是与我共同开发模糊随机振动理论,同时也参与了工程软设计理论的研究和讨论。

## 正确的思想方法和科研方法
——用正确的哲学思想指导科研工作

哲学是人们对自然知识和社会知识的概括和总结,是关于世界观的学说。人类的一切行为当然会受到其世界观的影响。由于有了这种认识,1953年,我曾用半年的时间集中学习哲学和自然辩证法,目的就是想用正确的哲学思想来指导我的教学实践和科研工作。几十年的工作实践充分证明了学习哲学的重要性。

很多哲学思想都对我的工作起过指导作用,其中起最重要作用的也就是最常谈的那些观点。例如:事物之间相互影响和相互制约;研究和解决问题的全局观点；实践是检验真理的唯一标准；主要矛盾及其转化决定着事物的发展；静止是相对的，运动是绝对的；事物的变化常常是由量变到质变的过程；等等。

下面结合我科研工作的实践，谈点粗浅的体会，供同志们参考。

## 一、事物是相互影响、相互制约的

任何事物的发展不仅取决于事物本身内在因素的变化，而且必然会受到相邻事物的制约和影响，而不能随心所欲地发展。因此，在内部和外部所受到的约束不变的情况下，事物只能发生缓慢的量变。当上述约束中的一个或几个被挣脱时，事物就会迅速地发生质变。

我们认为，任何一个学科或课题的发展也是如此，当内外约束条件不变时，该学科只能缓慢发展，形成发展道路上的"缓坡"。一旦某个或某些限制它发展的约束被解脱，它就会得到迅速的发展，形成"陡坡"。当这个优势被充分利用以后，就进入了发展道路上的下一个缓坡。所以学科的发展道路是"缓坡"和"陡坡"的接连交替出现的上升过程。科学研究的正确方向就是要及时发现这些约束条件的变化，发现新学科的生长点，促进科学"陡坡"的形成。

例如工程力学的发展就受到试验条件、计算手段、工程经验、数学理论等外界因素的影响。在二十世纪六十年代，电子计算机的推广应用解决了快速计算手段的问题，在工程力学领域里就迅速涌现了一批与大计算量有关的力学分支，如有限单元法、结构优化设计、断裂力学、专家系统等。这些学科的形成就是有远见的科学家们充分利用电子计算机所提供的条件进行大胆开拓的结果。

这种认识可以使我们的研究工作总是站在学科的最前沿，处于开拓和创新的状态。

## 二、研究和解决问题的全局观点

从上节所述事物间相互影响、相互制约的观点，可以引发出研究和解决问题的全局观点。下面举两个例子。

1）工程项目全系统全寿命的优化理论

目前国内外有关工程优化的研究工作，仍局限于对单个结构设计阶段的优化。

这对只有一个主要结构的工程，例如桥梁、电视塔、大剧院等工程的结构设计是可用的。但大部分工程项目都包括不止一个主要结构。这时分别对各个结构单独进行优化后组成的工程项目却不一定优化。因为这种优化割裂了各个结构之间的联系和约束，无法进行全局利益的考虑。二十世纪八十年代中期，我们提出了"工程项目全系统全寿命优化"的概念和研究途径。把一个工程项目所包括的主要结构组成一个"工程系统"进行全局和全寿命的优化。所谓"全寿命"就是从工程项目的可行性论证、总体规划、结构选型、工程系统的优化设计、工程项目的实现，到建成后的维修和控制。在上述各个阶段，都有不止一个可用方案，因而都存在优化问题。这是土建工程科学全面创新的庞大事业，有赖广大工程界的长期努力才有可能逐步实现。十几年来我们沿着这个方向在我们所从事的研究领域内做了一些开拓性工作。

2）建筑物的空间整体计算理论

过去建筑物的计算都是把它简化成一个平面问题来处理。例如工业厂房，在计算时想象把空间整体的一个厂房切割成一系列独立的平面排架来计算，这就严重地歪曲了真实结构的工作状态。因为在厂房变形时，它是一个空间整体，各部分之间是相互影响和相互制约的，切出一片排架来计算，实际上就是割裂了这个排架与厂房其他部分的联系，显然与它真实的工作情况很不相同。因此，我们从1959年就开始研究建筑物空间整体的计算理论。为此我们进行了大模型试验、真实建筑物的实测和深入的理论分析。

研究结果完全证实了我们的预见。首先，厂房振动中出现多系列的空间振型，这是排架振动中不可能具有的。其次，在有山墙的情况下,厂房的基本频率远大于排架的基本频率。这些发现对建筑物的设计有重大影响。

这项成果1964年被评定为国家重大科研成果,1978年在全国科学大会获奖。

### 三、实践是检验真理的唯一标准

研究建筑结构空间整体工作的静力和动力性质及其计算理论时,我们从单层单跨工业厂房静力作用的这种最简单的情况开始,国际上当时也只有苏联在这种情况下做过一些试验和理论研究。他们的理论认为在侧向水平力作用下,单层单跨厂房的屋盖像一根普通的梁,呈现弯曲变形,而各个排架对它起弹性支承作用。

我们从大尺寸模型试验开始研究屋盖变形的性质。首先对模型屋盖施加一个水平侧力,测量出屋盖在各排架柱顶的位移,从而得出屋盖的变形曲线。然后我们又用苏联的弯曲变形理论进行了计算,发现计算结果与试验结果在曲线性质上是完全不同的。我们又重复从不同加力点进行试验,结果依然如此。这使我们很惊讶,因为实践是检验真理的唯一标准,我们的试验证明了苏联屋盖变形的基本假定就是错误的。为了进一步把问题搞清,我们通过在苏联留学的同志弄到了苏联的原始实测资料。这些资料和我们的试验结果是一致的。再检查苏联对实测结果的分析,他们用理论反算屋盖刚度,从不同测点反算的结果竟能差几十倍(实际应该是相同的)。这表明他们的理论完全不符合他们自己的试验结果,是他们主观臆造的产物。

理论和实践的这个矛盾困扰了我两个月之久,无时无刻不在考虑它。在一次中午觉欲醒未醒的时候,我突然想到:屋盖不是一般细长的均匀材料构成的梁,它是一个组织松散、又薄又宽的片状物,如果作为"梁"来处理,它就是一种特殊的"深梁",因而它的变形不可能以弯曲为主,而应以剪切变形为主。我高兴地从床上跳起,立即进行了两项工作。首先是我们重新进行试验,认真地测量了排架柱顶的位移,发现并没有出平面的位移。这充分表明,厂房变形时各个排架在各自的平面内错动,客观上表现为屋盖的剪切变形,其弯曲变形是可以忽略不计的。这样,抓住主要矛盾,忽略次要因素,我们把屋盖抽象简化为"剪切梁"。然后,我们利用这个新理论进行了计算,所得变形曲线与实测结果非常吻合。

这样,我们很快按照这个新概念又对各跨不等高单层厂房、多层厂房和多层建筑进行了试验、实测和理论研究,很快就建立了"建筑物空间整体的静力和动力计算理论"。这个理论不仅合理,而且简便实用,因而,很快就被我国各种设计规范所采用。

### 四、解决矛盾就是理论的突破

有了正确的科研方向还必须具有正确的科研方法,这样才能取得创造性的科研成果。科研方法的核心,用一句话表示,就是"抓主要矛盾,矛盾的解决就是理论的突破"。

以上所述的建筑物空间整体计算理论的研究中,所遇到的理论和实践之间的矛盾,在研究工作中是经常遇到的,这时必须坚持"实践是第一性的,理论必须符合实践"原则。这种矛盾的解决常常带来概念上的突破,从而形成新的理论。

下面我们再举一个例子,说明研究工作中如何处理和利用矛盾取得成果。

在二十世纪六十年代以前,作为地震烈度定义的"地震烈度表"对各种烈度都是关于地震强烈程度现象的定性描述,无法在工程上应用。二十世纪六十年代以后,各国的地震烈度表逐渐增加了物理量(例如地面最大加速度 $a_{max}$)的定量指标。各烈度值表现为 $a_{max}$ 数轴上的一些不相交的闭区间。这就带来很大的矛盾。在相邻两个区间的边界处,右侧的烈度就比左侧的大一度(例如从 7 度突变成 8 度),理论上两侧物理量的差值是无限小量（$a_{max}$的变化是连续的）。这是烈度物理量的定义。但在应用上，在工程设计中，烈度高一度，地震荷载就增加一倍，意味着$a_{max}$增加一倍。从二十世纪六十年代我就考虑如何解决这个定义和应用之间的矛盾，苦无办法。直到"文化大革命"结束后，我们看到了"文化大革命"中发展起来的模糊数学，才认识到烈度的定义域不应是闭区间，而应是模糊区间。相邻烈度间的边界不是一刀切的确定性边界，而是互相渗透的模糊边界。两个相邻的烈度（例如从7度到8度）的过渡不是突变，而是逐渐地过渡。这样，我很快便提出了"地震烈度的模糊综合评判"的方法，解决了上述矛盾。

接着我进一步研究了土建工程中的各种模糊因素和信息及其正确的处理方法，取得了丰硕的成果：结构模糊优化设计理论（1987年获国家教委科技进步一等奖，1987年获国家自然科学三等奖）、模糊随机振动理论（1993年获国家教委科技进步一等奖）和广义可靠性理论等。

**五、运动是绝对的**

静止是相对的，运动是绝对的；停滞是相对的，发展是绝对的。

静止状态是运动的特例，也是运动的简化。人们对所遇到的事物，总是先把它简化成静止的状态进行研究，然后再发展到研究它的运动状态。也就是说先研究比较简单的"静态"，然后再进一步研究"动态"。

因此，在研究任何问题时，即使在研究静态时，也必须记着，进一步的发展必须是研究其"动态"。因为，运动是绝对的，任何事物都不存在绝对的静止状态。

1984年，我们提出了地震时地面运动的新的计算模型——具有模糊参数（地震烈度和场地等级）的随机振动，并在此基础上很快地完成了新的地震力计算理论。

但是有一个问题一直困扰着我：上述计算模型是把模糊性依附在随机性上，如果去掉模糊性就退化为随机过程，这是十分合理的。但是如果去掉随机性,模糊性将无立足之地。如何建立"模糊随机过程"普遍的数学模型和计算理论呢?

经过了近一年的思考,一天清晨初醒的时候,我突然认识到这个问题的解决,必须继续扩大"集合"的概念。美国学者札德①提出的"模糊集合"拓广了"经典集合"。但它们都是静态的,而要研究模糊过程就必须把集合的概念推向动态。

这个概念很朴素。例如,我们研究一个班上学生们的某些问题,那么这个班全体学生就构成了一个"论域"。班上的女学生构成论域中的子域,由于男女界限分明,女生子域是一个确定性的"经典集合"。班上数学好的学生也是领域中的一个子域,但由于"数学好"没有明确定义和定量的评定标准,因而它是一个"模糊集合"。然而这个模糊集合会随时间变化,过一个时期,原来数学好的可能变差了,差的也可能变好了,这些元素对模糊集合的隶属度随时间在变化。这个思想使我提出了"动态模糊集合"的概念,并在此基础上,建立了"模糊随机振动"和"模糊随机过程"的理论,并于1993年获得国家教委科技进步一等奖。

**六、从量变到质变的转化**

客观世界存在很多从量变到质变的例子,在力学现象中最为明显的就是结构稳定性的临界状态。一个在轴向压力作用下的直杆,轴向压缩是它正常的平衡状态,可是当压力增加到一种明确的临界值时,直杆就会转化为侧向弯曲的另一种失稳的平衡状态。其他学科中也有各种各样具有质变性质的临界状态。

在科学研究中也存在这种人们对客观事物认识积累的从量变到

---

① 札德(1921—2017),或称扎德,美国加州大学伯克利分校教授,著名学者,模糊数学之父。——编者

质变的过程,表现为当认识逐渐积累到一定程度时便会突然产生"科学灵感",出现认识上的突破,得到新的概念,问题的研究便进入了一个新的境界。

大量的报道(包括前面举的两个例子)都说明一个现象:灵感常常是在半睡半醒的朦胧状态出现的。这就使得灵感带有某种神秘的色彩。

这个现象的原因值得深入研究。我的初步体会是:

1)灵感是人们对某一问题长时间观测、分析和思考形成的认识上的突变,是认识上的量变转化为质变。因此,没有苦苦钻研和认识上的积累,灵感是不可能出现的,它是脑力劳动的产物。

2)人们对某一问题每时每刻和夜以继日地思考,在显意识和潜意识中都在分析和研究这个问题。

3)人处于朦胧状态时,潜意识在充分活动,排除了一些显意识的干扰,有利于新概念的产生。

4)显意识和潜意识都是人脑的活动,是精神的,也是物质的,这里没有"神"的作用。

几十年的工作和对哲学思想的体会使我们认识到一条正确的科研路线:创新是科学的灵魂,而实践是创新的基础。

主观臆造的标新立异不是创新。创新是长期的科学探索、实践、不断总结以及充分吸取本学科和有关学科的最新思想和成就,对所研究问题的认识由量变到质变的过程。

生活：
和谐的家庭是
前行的温馨港湾

在生活的旅途中每个人都会遇到各种不同的困难,我也不例外,但是我们必须学会克服困难,只有克服困难我们才能让生活得以继续。我和妻子几乎没有吵过架,妻子一直包容我,理解我,让原本单调的生活增添了好多光彩。在她的关怀下,我还学会了唱歌、跳舞。结婚后她便把所有的精力全部投入在我的身上,她用她所有的力量来辅助我的工作,为了使我安心工作,她付出了很多,一个人照顾全家老少,让家庭和睦,使大家融为一体,所以我们的生活很幸福。

我庆幸自己遇到这么好的妻子,有个很幸福的家庭。虽然我也曾遭遇过"文化大革命"时期的灾难,但是家人与同事的帮助使我又重新回到了工作岗位。我带着妻子去全国各地,迎来了人生的第二个春天。

安享晚年是80岁后的我在因眼疾而无法继续工作后的"无奈"选择。这一选择,使我不再把工作作为人生的第一需要,从而让我有更多的时间和精力陪伴在妻子身边,共同回忆我们的往事。

现在都快90岁了,人们常问我们,你们长寿的秘诀是什么呢?总结起来就是清心寡欲,充分休息,乐观地面对生活!

## 喜 结 连 理

新中国成立前,大学的规模都很小,当时北洋大学的学生也不过4000人,发生一点新鲜的事大家都会知道,所以叶小姐的到来,在北洋大学年轻的教师中起了一个涟漪。人们都在议论这个来自上海的小姐的身世,因为她是茅以升[①]校长亲自推荐的,在年轻的员工中工资是

---

① 茅以升(1896—1989),字唐臣,江苏镇江人。中国铁道科学研究院院长,中国科学院院士,中央研究院院士,美国工程院外籍院士,著名土木工程学家,桥梁专家,工程教育家,东南大学工科奠基人。——编者

比较高的。茅以升是工程学的泰斗,任北洋大学校长,但长住上海。叶小姐本身端庄秀丽,颇有大家闺秀的言谈举止,所以大家一致认为叶小姐出身不凡。很快大家都搞清楚了,叶小姐名叫叶崇敏,是有名的政治家叶恭绰先生的侄女。叶老先生曾担任过铁道总长、交通总长、财政总长等职务,对我国的铁路、交通和邮政的建设做出过重大贡献,他还担任过上海交通大学的校长,茅以升就是他送往美国深造的第一批学生。叶公超是叶小姐的堂兄,曾担任国民党政府的外交部长。

机缘巧合,我和叶小姐在同事家见过几次面以后,彼此就很熟了。有一次回到学校,我邀请她到我的房间里坐一坐。我的房间实在太贫寒了,房间里的东西和我刚到北洋大学时的基本没有变,只是书架上堆了一些几个月来累积的书。我只有一双破了的布鞋,还是我独闯天津时的那一双,床上铺的毛毯还是同济大学的那个校友在上海借给我的。

叶小姐为我的贫寒大吃一惊,但架上的书却引起了她很大的兴趣,我热情地招待她喝茶吃点心,给她讲有趣的往事,也听她娓娓诉说自己的经历。没想到叶小姐也经历过一段贫苦的生活,她的母亲是一个受过良好教育的大家闺秀,对孩子们采取英国式的教育方法,以鼓励为主,但对大的错误也有处罚,她教育孩子们严格要求自己且宽厚待人,鼓励孩子们力争上进,全面发展。所以叶小姐的兄弟姐妹们都不仅是品学兼优的学生,而且还是很优秀的少年运动员。叶小姐本人在天津市中小学运动会上就破过几项纪录,得过两次田径总分第一的好成绩。后来她还给我看了当时天津的那家报纸上对她的报道以及刊登她获奖的新闻照片。有一天,我们在路上碰到北洋大学的一个女生,她居然还认识叶小姐,说叶小姐在当时的中小学非常有名。

叶小姐的父亲叶恭纯是个不求上进的公子哥儿,伯父叶恭绰曾打算送他到美国读书,他却说:"到美国干什么?在中国多好玩。"由于叶恭绰的缘故,叶恭纯曾担任天津北京铁路段的段长,收入很丰厚。日本侵华后,叶恭纯拒绝为日本人服务,日本人就把他辞了,他为捧女艺人,居然将几千块钱的退职费挥霍一空。叶小姐的母亲为丈夫的不争气和家庭的败落伤透了心,在叶小姐12岁的时候就与世长辞了。

母亲逝世后,留下了叶小姐和两个哥哥、一个姐姐、一个妹妹和两个弟弟。后来她父亲在上海和杭州之间的一个小站因病而死。她的大哥崇晖很早就过继给了另一个伯父,在上海读书,二哥得肺炎不治而死,姐姐嫁给了一个资本家的少爷,妹妹送给了一个姓顾的朋友,改名顾善珍,就剩下叶小姐和弟弟无人照顾,寄住在一个姨母的家里,但只管住不管饭。这样,叶小姐只能退了学,到一家公司打字赚钱,养活自己和供弟弟读书,就这样过了两年缺衣少食的生活。这两年中,她每天只吃一顿饭,为后来的胃溃疡大手术种下恶果。后来实在过不下去了,叶恭绰把她姐弟接到了上海,叶小姐住在叶恭绰原配夫人那里,弟弟被送进了孤儿院。据说,叶小姐母亲逝世前已交给这个老伯母一笔钱,请她照顾自己的孩子们,这时也没有人再提起这件事。

在叶恭绰的帮助下,叶小姐到上海会计科学院读书,后来到上海市政府做了小职员,叶小姐工作期间的工资全部交给老伯母,说是将来给她自己置办嫁妆用。实际上老伯母把这些钱存在银行里,随着货币贬值,不久都成了废纸。在家的时候,叶小姐被老伯母当作丫鬟使用,而且常因父亲的往事被用很难听的话讽刺。叶小姐饱尝了寄人篱下的苦楚,后来老伯母逼着叶小姐嫁给一个她不喜欢的人,叶小姐被迫逃到伯父家,得到了伯父的收留。叶小姐和叶恭绰的三姨太感情很好,在这里叶小姐度过了两年富家小姐的生活,直到1947年叶恭绰和他的三姨太要迁居香港,才托茅以升把叶小姐分配到北洋大学工作,因为这时叶小姐的哥哥、姐姐、妹妹都在北方工作,不久她弟弟也回到了北方。

1948年8月15日,我们在天津银河大厦的礼堂隆重地举行了婚礼,因为以叶恭绰和茅以升的名义在天津日报上登了一个结婚启事,所以还来了几个我们不认识的重要人物。北洋大学的校长张含英教授为我们主婚,他夸赞了我和崇敏,还特别提到崇敏为他抄写《黄河治理》的书稿,不仅字写得非常漂亮,而且几十万字没有一个错字,也没有一个错的标点符号。

我们采取西式的婚礼仪式,崇敏身穿非常漂亮的拖地长裙婚纱,她的大哥穿了一身崭新的雪白西装,大哥挽着崇敏从礼堂门口走向主婚人,身后两个孩子捧着婚纱长长的裙尾,不认识的人还以为大哥是新郎,其实我在主婚人的前面等待着大哥把妹妹交给我。

1948年8月,在天津拍摄的婚礼照

结婚不久,解放战争平津战役的序幕就拉开了,天津首当其冲,而北洋大学就在天津的西北郊区,因此北洋大学就被迫从郊区搬到了天津市内的师范学院避难,老师们凡在天津市内无处可去的,都挤住在师范学院的大教室里,隔上床单就是两家。

直到1949年1月15日天津解放,我们才搬回北洋大学,学校分给我们一个两间房的独立小屋,我们很满意,在这个小屋里生下了我们的大女儿孟华和二女儿孟平,三女儿孟玫是搬到哈尔滨后生的。

1956年,与父母、妻子、妹妹和三个女儿的全家福

北洋大学复课后不久,我就承担了孟昭礼教授的全部教学工作和我自己的助教工作,这时又适逢崇敏怀孕,不得已我从温县把我母亲和5岁的光咸妹妹接到了天津。就这样,母亲和我们一起生活了,她给了我们极大的帮助,否则我真不知道身体很弱的崇敏如何能照顾这些孩子以及支撑这个家庭的生活,所以生下三女以后,我就瞒着母亲让崇敏做了节育手术,其实我们对男孩本来就没有多大的兴趣,有三

枝花就足够了。

1954年教育部决定把我留在哈尔滨工业大学,哈工大另派一个研究生和我对换,我于1954年暑假把家搬到了哈尔滨。在回天津搬家期间,我回到老家探望已年近90岁的老祖母和我的外祖父。1954年以后,我的家庭再也没有离开哈尔滨,我也再没有离开过我工作的学校。我的婚姻是非常美满的,愿我们生生世世为夫妻!

## 幸 福 家 庭

自1948年8月15日结婚,我们一起携手幸福地走到了现在,我和妻子现在都89岁了,我想把我们的一些"幸福秘诀"总结一下。

我的母亲纯朴善良,具有中国传统妇女的一切美德。由于我的妻子要生小孩,母亲带着我的小妹从温县来到天津。从此,我们在一起生活了三十年,她带大了我的三个女儿。母亲和我的妻子胜似母女的婆媳关系,实在罕见。

妻子从小失去母亲,却在结婚后重新得到了母爱。大女儿生下来只有三斤重,又是在没有暖气的天津,医生都认为活不成了。但是,硬是母亲把她揣在怀里几个月,用自己的体温代替保温箱,还给我一个健康聪明的女儿。

妻子的胃切除了四分之三,在二十世纪五十年代初那可是大手术,术后要加强营养。母亲每顿饭都做两种,一种给我们三口,一种给她和小妹光咸,维持了几年。以至小妹跟小朋友说:"我妈可能是后妈。"母亲包揽了一切家务,学校领导曾说:"你取得的成绩里也有老母亲的功劳。"

妻子从来没有跟母亲红过脸,她很听话、孝顺。母亲的妹妹得了肺结核,母亲非常担心。妻子二话不说,两次邮寄路费,让她到天津治病,并给她增加营养,冒着传染给自己和孩子的危险,这心胸是一般媳妇没有的。我外公去世,妻子怕母亲难过,硬是代替外公写信给母亲,将外公去世的消息隐瞒了几年,谁能做到呢?

我的小妹光咸比我们小20岁,从5岁跟我们直到大学毕业。她小时总是在嫂嫂快下班时等在路边,看见嫂嫂就呼叫着抱着嫂嫂的腿,你说是妹妹呢还是女儿呢?光咸大学毕业分配到佳木斯,在火车站分别时,一个在车上哭,一个在车下哭,旁边的人说:"看你妈妈哭得多伤心。"小妹因为父亲是"右派",高中毕业虽然是全校两个全5分学生之一,却只考上哈尔滨师范学院。她与父亲没见过几面,父爱是我给她补上的。

小妹在哈尔滨师范学院话剧团演出的《年青的一代》中饰演夏倩如,并有幸在黑龙江省党代会上演出。她曾在佳木斯电视台讲课,后来调到郑州,在河南省实验中学工作,被授予"全国百名优秀校长"荣誉称号,是数学特级教师、中国数学奥林匹克竞赛高级教练。退休后,她在一个女子合唱团当副团长,快乐地生活着。

1991年,在北戴河留影

我的大妹蕴秀,受日本侵华战争影响,早早结了婚。但她自强不息,在小学教学中获得很好的业绩。二妹莼秀考上了中国人民大学,毕业后在河南省商业厅财务处任科长,多次受到省厅嘉奖。三妹光莹18岁入党,以她在战乱中只有初中程度的学历,在河南医学院5年学习中以全优成绩毕业,任副教授,曾获河南省科技奖,她的两个儿子、两个儿媳中有3个博士,另一个任环保部①重点科研课题负责人,分别在国内、国外获得骄人的成绩。

我们夫妻间有许多相同的地方,可以概括为以下几点:第一,勤俭持家。我们是穷苦出身,结婚的时候都没从家里拿钱,我们平时节约用钱,只有我买书才用钱。第二,助人为乐。三年困难时期我曾经用自己的粮票让我的学生渡过难关,妻子还用节省下来的钱资助家里的一个爱学习的"计时工"上了业余大学,业余大学的校长因为被感动,所以只收取了一半学费。第三,工作态度认真负责。我每次上课之前不管这课是否已经讲过,都会认真备课两三遍,课堂上力求精益求精。妻子在工作中也非常认真,做事严谨。第四,知足者常乐。我们现在住在属于哈工大的院士楼里,生活条件很好,在这里生活很快乐,很感谢学校给我们这么好的待遇。第五,宽厚待人。记得二十世纪六十年代初,我有一个学生,学习特别出众,但家庭生活十分困难,我在经济上多次资助他,并且在他大三的时候向学校推荐他留校当老师,结果1966年"文化大革命"开始,他写大字报批判我,令我十分伤心。"文化大革命"未结束,他就离开了哈尔滨建筑工程学院,到外地的一所大学任教。二十世纪八十年代初期,我曾担任黑龙江省多所大学的教师职称评定委员会成员。有一次偶然看到了由他所在的学校报上来评定教授资格的材料,我本着对高校教育负责的态度,积极表态,使他顺利评为教授。最后就是正直,曾经有个学生考研分数和学历不够,希

---

① 即现生态环境部。——编者

望我能录取他,并给了我25万元,我们拒绝了,认为这是不义之财,因为学校是培养人才的地方,不能贪图小恩小惠。

生活中我们还有不同之处,但是我们可以将生活中的矛盾及时化解。我们文化程度不同,所做的工作也不尽相同,所以在一起的时候从来不谈及工作的事情,我们会很开心地畅谈一些我们所看过的书籍,比如《茶花女》《红楼梦》《安娜·卡列尼娜》。当然,那个时候我也写书,写完她帮忙抄书,抄了几百万字,有时一天写十五页,她不分昼夜地抄,如果当天不抄完当天的,第二天就更多了,那时很辛苦,她为我付出了好多好多。记得有次她为我买鞋,一连跑了3趟才买到适合我的鞋。我们两个身体有很大的差异,我身体特别好,她身体多病,她曾患胃病、神经衰弱、癔症、高血压、糖尿病和脑梗死,老年时还得过子宫癌、膀胱癌、原位癌。医生曾预言她活不过60岁。我年轻的时候就跟自己说,我一定要像贾宝玉为林黛玉服务那样服务我的妻子。所以,我带着她去全国各地玩,让她放松身心,而她对我更尽心,我母亲走后她承担了一切家务:做饭,洗衣服……腾出时间让我来写书,这样我们相互扶持,过着很甜蜜很幸福的生活。

## 献给崇敏

| 我本中原童 | 成长在西北 | 既知苦攻读 | 粗犷且有力 |
| 闺秀出名门 | 翩翩海上来 | 栖息我身边 | 岂非神安排 |
| 虽然朝夕处 | 心里总不安 | 恐归他人去 | 结缘须抢先 |
| 从此有归宿 | 我妻美且贤 | 清贫欢乐多 | 人人皆赞美 |
| 为酬鹏程志 | 离妻四年整 | 谁识相思苦 | 从来都无边 |
| 为我安心读 | 家务一力担 | 抄稿数百万 | 虽苦只言甜 |
| 老境转瞬至 | 夫人巧周旋 | 教我学歌舞 | 风韵胜当年 |
| 已遂白首原 | 晚年更美满 | 深谢月中女 | 赐我好姻缘 |

王光远　1991年9月4日

### 我心中的歌

你像一棵树　经历着风暴和雨露
但依然不断成长　坚定着明天的希望
我像一根藤　攀缘在你身旁
送给你滋润和清凉　陪伴你欢乐与悲伤
你和我　根相连、叶相掺
狂风、寒潮、雷电　我们共同承担
风雨过后　共享一片蔚蓝
你有你刚劲的躯干　我有花儿点点
终生相依又相伴　是我们爱的夙愿
还有更广的情意
那就是我们　对大地深深的眷恋

叶崇敏　1992 年 2 月

我们日子过得很好，几十年的生活中我俩有共同点和不同点，相同的共乐，不同的相互诫勉，但我们很少吵架。在哈工大和建工学院合并后不久，哈工大便开会评选"五好"家庭，我们就是其中之一，还去领了奖。说到家庭，不得不说我的三个女儿。在教育子女方面，我俩没有特殊教育，以身作则，教育她们好好学习，严于律己，宽以待人，不说谎。大女儿孟华小时候由我母亲带着，我的母亲是农村人，爱劳动，她们住在一楼，爱种些玉米、豆角等，从而使孩子养成了爱劳动的好习惯，从小就知道自己去挖菜窖，十来岁大就可以出去买菜买东西了，因为是第一个孩子，就女孩当男孩使，多让她料理外事。二女儿孟平喜欢安静，喜欢干家务，四岁时她在家老老实实地坐在那里拆我母亲的那一床大棉被。有一次我要看病，挂一个号要头天晚上在那排队，二女儿自己去排队直到第二天早晨，然后大女儿接着排队到八点钟。记得大女儿四岁时，我们带她去松花江玩，我刚刚学会游泳，一下水就没顶了,大女儿一直大声不停地喊,最终游船的人抓住了我的头……相当于孟华救了我。

我们强调个性发展,老大能说会道、当机立断、敢于做危险的事,一听说我们有病就要领我们去看病,妻子几次癌症都是老大送去医院的。三女儿孟玫小的时候,我总带她去参加联欢会,一有节目表演,就让她上去唱歌跳舞。

后来"文化大革命",我母亲回了老家,大女儿和二女儿都"上山下乡"到黑龙江建设兵团,让两个女儿自己发展,三女儿待业在家里。在"文化大革命"的特殊历史条件下,我的三个女儿都中断了继续学习的条件,当时她们分别读高中、初中、小学。

大女儿王孟华响应上山下乡的号召在农村生活了十一年,生活十分艰苦,除了种地什么都干,放牛、放羊、盖房子等,1979年因我妻子退休她才有机会回到哈工大并在印刷厂做一名工人。经过她多年的努力,在一边工作一边学习的情况下,先后完成了会计学专业的中专、大专、本科学业,并取得了高级会计师职称,后任哈工大财务处副处长。我们的大女婿也于1979年进入哈尔滨建工学院伙食科工作,工作中吃苦耐劳,得到领导和同事们的信任,后来担任伙食科科长。他除了工作以外,还照顾着我们的生活,买菜、修理家电、修理水管等。只要我们有事,一召即来,如同亲生儿子。两人有一儿一女,女儿叫黄露,大学毕业后在哈工大土木学院做辅导员,很受学生们的欢迎,学生们总给她写表扬信。她取得了在职硕士学位,现在在哈工大学生招生就业处工作。黄露的丈夫钟晶,是哈工大在读博士生,目前在美国学习一年。孟华的儿子叫黄耀晖,生下来就残疾,只旁听了小学课程,现在在哈工大土木工程学院当门卫,他以礼待人,和同事关系很好,工作认真努力,是个乐观向上、自强不息的孩子,努力做好自己的工作,受到师生的表扬。

二女儿王孟平于1968年上山下乡后不久,在一次扑灭山火的战斗中光荣负伤,当时省报上刊登了她的感人事迹。五年后她被选送到大庆油田钻采学校学习,并留在大庆工作三十年。多年来她始终坚持边工作边学习,自学了工程造价管理的各方面专业知识,并于1998年考取了国家首批注册造价工程师执业资格。在她执业的二十多年里,始终坚持按照国家的各项法规、原则办事,为国家控制节约了基本建设资金达数亿元人民币。我的二女婿在大庆从事劳资工作,并担任劳资科科长工作多年,现两人都已退休并回到哈尔滨。二女儿有一个独生女儿叫崔菁菁,因为当时大庆小学不太正规,所以送到哈尔滨的大女儿家那里学习,她成绩很好,从小就有高远的志向。中学时候,她回到了大庆,高考的时候,考上了复旦大学,毕业后去英国留学,经过四年的努力,取得了英国帝国理工大学的硕士和博士学位,由于硕士期间成绩优异,学校让她直升博士。博士期间,她得了三年的奖学金。她毕业后以优异的考核成绩应聘到美国摩根大通银行伦敦分行工作。经过努力,她又取得了国际认证的金融分析师执业资格。后来她和同学李健结婚。李健也是在英国的中国留学生,并先后在英国取得了硕士和博士学位,现在就职于美国微软公司剑桥研发中心,是一名软件工程师。他们为我们生了一个可爱的曾外孙李佳山,也就是我们家的第四代。

三女儿王孟玫很能干,大女儿和二女儿都下乡了,我母亲也回家了,她那时才九岁,一次买五百斤煤,她自己拿米口袋一点一点地背到楼上,虽然小,但她却站在凳子上给我们做饭。在她小学四年级时遭遇"文化大革命"而中断学业,四年后进入工厂工作三年,其间自学了部分初、高中课程。后来"四人帮"被打倒了,在1977年恢复高考的第一年,以高出录取学校分数线30分的成绩考入第一志愿,她考虑到结构力学没有接班人,于是就报考了哈尔滨建筑工程学院。大学四年,她的十七门功课平均学分95分,位列第二名,第一名的平均学分95.5分,毕业后分配到中国建筑科学研究院,在此期间取得了硕士学位,并且和季天健结婚,在研究院工作至1988年。季天健于1981年底在哈工大取得硕士学位并工作四年后,于1986年去英国进修,一年后受聘于英国伯明翰大学做研究员,同时攻读了博士学位,获博士学位后在英国建筑科学研究院工作5年,1996年受聘于曼彻斯特大学为终身教职至今,并且出版了自己的著作。1988年,孟玫携子随丈夫季天健去英国工作并定居在英国,做结构工程师。他们的儿子叫季思达,4岁随父母去英国生活,2005年毕业于英国纽卡斯尔大学数学系,又学习了教育学,拿到了英国的教师职业资格后,从事数学教师工作。他们一家虽然定居英国多年,但一直很好地保留着中国文化。季思达可以用很流畅的中文交谈,季天健一直跟国内学术界保持着学术交流,并经常利用大学假期回国讲学。孟玫从小就喜欢歌舞、音乐等,现在业余时间里,参加曼彻斯特地区华人社团的民乐队(弹琵琶)、舞蹈和合唱团,经常参加当地华人和英国人组织的演出和比赛,在丰富自己生活的同时,和同伴们一起弘扬中国文化,所以受到了中国驻曼彻斯特总领事馆的赞扬和支持。她们一家很幸福地生活在英国,并且每年都回来探望我们,也带给我们很多快乐。

1992年,三女儿王孟玫从英国回来在家中拍摄

幸福的家庭,只有在幸福的国家和幸福的社会里才有。只有国家富强了,我们中国的老百姓才能幸福。现在我们已经89岁了,回想这八十多年来,我们为社会做出了自己应该有的贡献,我们以勤奋和努力的工作回报社会对我们的关爱,国家也给了我们优越的退休条件。我们住在最好的院士楼,生活得很规律,每天都及时听新闻广播,关心国家大事,该吃饭时就吃饭,该散步时就散步,该休息时就休息,一切都井然有序,还经常唱歌跳舞,我们争取更高质量的生活,健康长寿、白头偕老、幸福永远!

2008年,和妻子钻石婚全家福

## 历 经 磨 难

"文化大革命"初期,学校里的大字报批判两种人:一种是"反动学术权威",另一种是"走资本主义当权派"("走资派")。一时所有的教授和副教授都成了"反动学术权威",无一例外。红卫兵第一个拿我开刀,大字报铺天盖地由学校贴到家门口,并且还抄了我们的家。我经常随着"走资派"剃阴阳头、戴高帽子游街,有时还要敲着铜锣,口中高声"认罪"。

我真不明白,我怎么一夜之间就从拼命工作、小有成绩的人类灵魂的工程师变得十恶不赦而如此遭受凌辱?我愤愤地把书扔在床下,决心让它们再无出头之日。

我的心里难受极了:斯文扫地、尊严被踩脚下、灵魂与肉体都无法承受的摧残。于是走到铁路上想卧轨自杀,等了半个小时火车都没有来,我就慢慢走到了松花江河畔,又想要跳河自杀。冲动之时,想到年近七旬的老母亲,拐着小脚颤颤悠悠走上六楼给我送饭,就是怕我想不开呀!我要是自杀,她肯定活不下去。再说我的妻子、女儿又该怎么办呢?转而又想:难道中国的经济建设再不需要科学技术了吗?我不知道没有知识分子的社会会是什么样子,不知道"文化大革命"将把中国引向何方,我想不会永远这样下去的!

后来学校"造反派"又把教授和副教授全关在教室里,不让回家,晚上在教室里睡觉,一个刚从苏联留学回来的老师,被污蔑是"苏修特务",结果他悲愤地将眼镜摔碎,用碎片割腕自杀以证明自己的清白。

"文化大革命"开始时,师母高洪如是天津大学附属中学的校长,在"四人帮"的鼓动下,孩子们造反了,红卫兵抄了孟先生的家,一个德高望重的老教授受到惊吓,生命也由此走到了尽头,当然这不止是他一个人的悲惨遭遇。孟先生临死前对师母说:"让王光远和严宗达把我的东西整理一下吧。"但那时我和严宗达也都是被攻击的对象,所以孟先生的死讯我也是事后很久才知道的。

直到1976年打倒"四人帮"之后,我和严宗达才开始整理孟先生的资料,出人意料的是在病床上的孟先生居然自学了俄语,并且阅读了大量苏联书籍和文献。孟先生死前的一段时间里主要研究数学,从他遗留的书上来看,他在书中有颇多体会,但都是在书中简略地标注了许多,甚至只是画了一些符号,我和严宗达都看不懂更无法整理,真是可惜之极。可惜孟老师精辟的理论研究由于他的去世变成了"天书",试想如果没有"文化大革命",他的研究会放出怎样的异彩!经过多次讨论,我和严宗达只搞清楚了一个问题,就是孟先生对变形体虚功原理的实质有了更严格的理解并提出了新的阐述方式,我们写成文章发表了,引起了同行们的强烈兴趣和争论,争论的结果是各个教科书都逐渐改用了孟先生的观点。

"文化大革命"全国"大串联"时,铁路全开放了,所以孩子们坐车也都不用花钱买票。有次我的妻子回到家里看见锅里熬的稀饭还是热的,可是大女儿和三女儿不见了,后来发现大女儿留的一张纸条:"我把你买桌子的钱拿走了,带着妹妹坐火车上郑州去看奶奶。"看完后我妻子赶紧去车站找,那时候去北京的车站已经停运了,结果没有找到,又去了一个小火车站——三棵树站找,很多人在那里等车,我的妻子看见有两个人蒙着脑袋,掀开一看就是我的两个女儿,她生气地说:"你们两个小孩要去乡下看奶奶,要是被坏人抓去了怎么办?"这就是"文化大革命"时期的特殊景象,坐车不要钱。

后来被关在教室的教授和副教授们全都下乡劳改去了,有的人被定为"反革命分子","反革命分子"的家人都被定为"反革命",房子一概都没收了,另外给他们分个很小的房子。我下乡时没有被定为"反革命分子",工人当权派说等"文化大革命"结束后还得用我。那时候两个女儿早就下乡了,当时妻子生病,三女儿留下来陪着我的妻子。

我在1970年被下放到双城县①红光公社劳动。白天种地,晚上屋子里滴水成冰,我只好在炕上铺两层木板才能睡觉。白天在地里干活,晚上也不能看书,到了农村我自己给自己做饭。妻子去乡下看过我三次,把我爱吃的东西买好了拿来,那时我住的地方很远,妻子下车

---

① 现黑龙江省哈尔滨市双城区。——编者

后还得跑着来争取和我多待一些时间,我住的那栋房子中三家都是下乡的,每次知道妻子要来看我都老远地去迎。妻子头一次来时,看见农村的井,就大声说:"呀,原来水是从这个黑窟窿里出来的啊!"因为她一直生活在大城市,所以没有看见过井,人们把这件事当笑话在农村传开了。妻子看见农村什么都没有,回到家开始想做一个幻灯机,她用马粪纸做个盒子,前面放镜头,盒子中间放影片,后面用手电筒当电源,墙上面放个白窗帘遮光。那时候我去干活,好多农村的小孩子都跟着我妻子到处跑,其实幻灯机就是个不活动的电影,小孩子们都说:"看电影了!"幻灯机中的三套影片是妻子借的,从农村回去后就还了人家。这个幻灯机引起了很多人的兴趣。

在农村插队的两年里,我几乎每天都要下地干活,有时也做队里的通讯员。有一次生产队长让我去公社送一封信。一条河的河水上涨挡住了我的去路,于是我找来了一根圆木头,抱着这根木头过了河,将信送到公社。这就是我做事一贯认真的态度。

1971年春天,我当时还在双城县里插队,突然有一天来了两个陌生人找我。他们是辽宁抚顺石油机械厂的技术人员,他们是通过辽宁省建委、黑龙江省建委和哈尔滨建筑工程学院介绍而来,寻求解决一个单层厂房的难题。该石油机械厂于1966年新建了一个单层厂房,至今已有5年多无法投入生产,因为担心新建的厂房结构不能承受因重型机械设备生产所产生的巨大振动力。当时因为是"文化大革命"期间,无人能够做出正确结论。由于厂房长期空置,使机械厂蒙受了很大的经济损失。当我得知此事后,决定去该机械厂看看。经过三四天的认真计算,得出的结论是:厂房的结构能够承受机械振动力,可以投入生产。到目前为止,该机械厂仍没有出现问题,证明我当时的结论是正确的。我因在插队期间能为国家经济建设贡献一份力量而深感欣慰。

1972年,我终于从双城农村回到哈尔滨,一进家门,我连行李都顾不上打开,就一头钻进了床底下找出了一本俄文书,坐在沙发上读了三个小时都没有动,之后我便敞开心扉哈哈大笑起来。我在乡下劳改期间由于生产抓得紧,且条件不足,所以从未摸过书,但今天我仍然不需要借助任何字典就能从头到尾看完俄文的原版书,这说明我还能继续读书,还能继续教书,仍然可以为国家培养人才,为国家的科学技术发展贡献力量,我似乎看到了中国的教育就要迎来一个崭新的春天。

"文化大革命"后期,负责调查我的专案组派人详细外调我的一切问题和关系,结果有三:从我家乡组织和人民反映的情况看,我的家庭出身应该是教员;从西北农学院的档案和知情人了解到我确实没有和国民党发生任何组织关系;温县档案中没有材料说明我父亲曾被定为"右派"。这些全是有利于我的结论。在这是非颠倒的恶斗中,居然会发生这样好的事,不能不说外调人员中确实还有人保持着实事求是的作风。可怜我的父亲顶着莫须有的"右派"罪名在农村改造了二十多年!

"文化大革命"时期,正常的科研工作受到了严重的干扰。1973年,我的工作恢复正常,回到学校,继续招收研究生。能继续教书和进行科研,我的心里很高兴,充满了工作的热情。"文化大革命"时期就这样结束了!

## 迟来的春天

1988年,我们从一区搬到二区,那时二区位于旧飞机场,飞机场很大,什么东西都没有,荒凉的一大片空地。当时哈尔滨市的市长夫人是学校的领导,她在旧飞机场上给二区要了一片地,先盖了个体育场,然后又盖了一号和二号家属楼,在体育场旁边建了四个学院:市政学院、交通学院、建筑工程学院、土木学院。后来哈尔滨建筑工程学院提升为哈尔滨建筑大学①,于是我们就搬到了二号楼。那时我一天工作十几个小时,妻子觉得我工作太辛苦,晚上再工作也太累了,因此就想办法,动员我唱歌和跳舞。她认为快七十岁的人整天工作,晚上应该有个休息时间,那时我不会跳舞,有一次去舞场跳舞就一直往前走不会转弯,于是妻子就让我学习探戈,因为探戈学习起来比较容易,两个人一起按规定步伐走,固定什么时候往前走什么时候拐弯。那时交通很不发达,门口没有去省图书馆的车,于是妻子就步行去省图书馆学跳舞。每天学习舞步,一个月学会了男步女步的探戈。

1994年,和妻子在家中跳舞

---

① 哈尔滨建筑大学前身是哈尔滨工业大学土木建筑系,始建于1920年;1959年土木建筑系独立建校,成为哈尔滨建筑工程学院;1994年,更名为哈尔滨建筑大学;2000年,并入哈尔滨工业大学。——编者

妻子那个时候心情很愉快,已经忘记得了癌症这回事。学校有一次开联欢会,我自告奋勇要给大家跳探戈,大家都很奇怪。我和妻子跳了一曲探戈,于是大家就轰动起来。一区那时也在开联欢会,听说我会跳舞,就派来汽车把我们接走,到了一区让我们坐在两个主座,这时主持人说:"下面请王光远老师给我们表演探戈。"主座上的其他领导都很奇怪。有位老师在我们搬去二区之前和我们同住在一区的宿舍,他知道我的妻子得了癌症,这时看见我和妻子跳舞,还以为我换了个老婆。从此我就开始发自内心地想学习跳舞和唱歌,晚上一有时间就开始唱歌和跳舞,这些全归功于我的妻子,使我劳逸结合,我也开始有了丰富的业余生活。

我和妻子那个时候每天早晨六点去一区博士后住的房子那边,那里原来是个饭店,学校里的好多人都来,我们在拐角的地方集合。我妻子教他们太极拳、太极剑、跳舞,妻子在台上表演,他们在台下学,一小时的时间教完他们三项,然后到七点钟回家吃两口饭。七点半妻子又去一区附近学习太极拳、太极剑、跳舞,相当于现学现卖。学完之后坐车回来做午饭,吃完饭到下午三四点钟给大家补课,因为当时有许多人没学会就来问,补完课再回家做晚饭。每天吃完晚饭,一号楼和二号楼就开始有跳舞的了,我和妻子就去和大家一起跳舞,都过得很充实。我们每天照常午休,晚上业余时间就和大家一起跳舞,生活很有规律。

迟来的春天其实就是我们68岁到78岁之间,我当选为院士后名气比原来大了,全国各地邀我去讲学开会,所以那时我很忙。有次我去天津开会,为了节省时间我坐从天津直达哈尔滨的火车,那时交通还很不方便,火车只有一趟,到哈尔滨要凌晨三点多,其实我可以倒车到哈尔滨的,那样就可以白天到达,不过要浪费很多时间。我从天津带了半扇猪肉,因为在哈尔滨用肉票买猪肉,一个月才有一张肉票,而天津不用票。于是妻子就推着小推车去车站接我,因为我半夜到,所以妻子晚上九点钟就到火车站一直等到凌晨三点。妻子把小推车用绳子系在手上,害怕睡着了丢了,真的很辛苦!最不可思议的是那次居然在半夜碰到了孟华,那个时候孟华在农村,孟华的儿子小晖刚刚出生三个月不小心生病了,在农村看不好,就坐车来哈尔滨,提前也没给我们打电话。孟华大约凌晨一点多到的哈尔滨,刚出车站口就看见妻子在那儿等,很奇怪地对我妻子说:"我没让你来接我啊。"妻子也没想到会在车站碰到孟华,结果先把孟华接到,到三点钟的时候又把我一起接回家。

那时候,只要我出差开会,妻子也会一道被邀请去,所以我几乎带着妻子走遍了全国各地,开心之余妻子似乎已经忘记了自己的癌症。有次我先去重庆出差,后来欧进萍和陈树勋也要去重庆,就带着我妻子一块去,他们在西安待了两天,我的两个学生白天没有什么事情的时候就带着妻子去玩,去看了秦始皇陵兵马俑、华清池,后来又坐车去重庆和我见面。还有次我去上海开会,那时邀请我去的主办方知道我妻子的第二个故乡就是上海,也邀请了我的妻子去,还给我妻子包了个车,去上海各个地方随便参观,看看自己的故居现在有什么变化,看看上海这么多年来各个地方的变化。

那时我领导的工程理论与应用研究所和哈尔滨建筑大学的土木学院合并,邀请了40名有关人士,因为两个单位要合并,晚上要开展文艺活动。领导邀请我的妻子主持两项表演:一项表演要表达两个单位合并的主题,另一项表演要表达校领导和老师的合作精神。所以我妻子组织的第一项节目便是用跳舞的形式表现出来的,我领导的研究所派出十对,建工学院派出十对,用慢三的舞步各自跳了出来,研究所的十对围成一个圈,建工学院的十对围成一个圈,跳两圈后交叉过去,组成一个大圆圈,代表着合并团圆的意思。这个节目花了我妻子将近一个月的时间,因为单位的人每次都不能全来。另一项表演是走模特步,首先出场的是一批已经毕业的本科生,然后是硕士研究生和博士研究生,大家一批批亮相,校长还亲自给学生们颁发了获奖证书。最后是学校的领导,院长和校长都携夫人出来,然后是我和妻子,大家都穿着各式各样的服装,这个表演大受欢迎,大家在快乐中顺利地结束了这次合并晚会。

我们在这十年内过得很开心很充实,感觉像回到了我们刚认识的时候一样,相濡以沫,风雨同舟,一起快乐地迎接这迟来的春天!

## 欢娱晚年

我和妻子已经共同携手走过了65年的风雨历程,生活中互相照顾,事业上互相支持,最大限度地包容与理解对方,这就是我们婚姻幸福、身体健康的保障。我们相濡以沫,互敬互爱,我们对自己的孩子悉心教育,从不溺爱,现在三个女儿均已在各自的工作岗位做出了很大的成绩。过去我工作特别拼命,极少有休闲放松的时候。现在年纪大了,不在一线工作了,所以在儿女的心中,我们最大的责任就是把身体保养好。她们说:"你们的健康长寿,就是我们做子女的最大幸福。"现在唱歌、跳舞已经成为我们生活中不可缺少的一部分。我曾经说过:"人生的意义就是创造生活和享受生活,而生活的艺术就是创造和享受最佳协调。"

人们常说:"每一个成功的男人背后都有一位伟大的女性。"我妻子就是这样一位伟大的女性。她不仅是我事业的支持者,同时还是一位忠实的合作者。这些年中,我所署名的论文和专著,其实背后都隐含着妻子的劳动和心血。例如,我的著作《建筑结构的振动》,该书所有的文字和图表都是妻子亲自动手誊写和粘贴的;另外一部《工程软设计理论》,所有的文字誊写和校对工作也都是妻子亲自完成的,其间付出的辛苦是可想而知的。以前我的视力不是很好,她就每天亲自给我念当天报纸的主要新闻。我每天要处理大量的信件,她就成了我的义务"邮递员"。我妻子乐观的处世态度和无私的奉献精神,无时无刻不在感染着我们身边的每一个人,尤其是我的学生们。他们在其学位论文的"致谢"中,几乎都会不约而同地向他们的师母表达他们的敬佩与感激之情。与邻居相处也是如此,谁家生活有困难,我们立刻会伸出援助之手。

晚年和妻子的娱乐时光

婚姻需要耕耘。我爱妻子,她这一生,为我牺牲得太多太多,这么多年来我们举案齐眉、相敬如宾。出身名门的妻子美丽贤惠,中年时期百病缠身,做过胃切除与妇科肿瘤切除大手术,患过高血压、糖尿病等多种疾病及三种癌症。在她患病期间,我未能尽到一个丈夫的全部责任,仍在继续搞科学研究;甚至就在她做肿瘤切除术的前一天,我还在主持一个重要的学术会议。可她无怨无悔,默默无闻地为我抄写了五六百万字的论文稿、书稿和译稿。晚年退休后,她身体竟奇迹般地好了起来。

亲情也需要耕耘。作为长兄,我鼓励和资助4个妹妹学有所成。

小妹妹光咸从五岁一直到大学毕业,17年都在我们身边,做了河南省实验中学的校长,是河南省教育界很有成就的专家;三妹妹光莹的儿子在我这里读完博士后,去郑州大学做土木工程学院的教授。作为慈父,我用心血和汗水呵护和浇灌着3个女儿健康成长。大女儿曾任哈工大财务处副处长,现在东方学院做财务处长,两袖清风;二女儿曾在大庆从事石油基本建设工作,并且自学成才考上了造价工程师,现已退休,享受很丰厚的退休待遇;三女儿和女婿在英国的大学执教。

作为老师,我对学生们既像长辈又像朋友,我们规律的生活中,时常有学生来看我们,在广州工作的学生李敏霞经常打电话问候我们,让我们感觉很快乐、很温馨。因为大家都有各自的事情做,还要抽时间来看我们,真的很感动。

如今我已89岁的高龄,身体还很健康,我曾经在哈工大说过一句话,就是:"今人百岁,已非古稀,七十尚属初秋。"因为正是在人生的初秋之际,我成为中国首批当选的96名中国工程院院士中的一员。秋之绚烂,离不开冬之跋涉、春之耕耘、夏之拼搏,我也曾走过一条条每个成功者都曾走过的跋涉之路。我通过一辈子的辛勤劳动给国家做出贡献,当选了首批中国工程院院士,对自己是很大的安慰,不是因为名誉的原因,而是代表了国家和人民对我的肯定。

我的学生欧进萍院士帮我主持了八十岁大寿,当时聚集了很多学生,大寿的第一天是很正规的,来了校长、院长和中国科学院工程力学研究所①的所长以及其他单位的代表,并且都讲了话。上午开会,下午吃饭和文艺演出。文艺演出开始前首先推出的是五层高的大蛋糕,下来第一个节目就是我和妻子唱的《牵手》,然后大家都相继表演了节目。那天的文艺晚会很是热闹。第二天是答谢宴会,由我的三女婿季

---

① 现中国地震局工程力学研究所。成立于1954年,最初名为中国科学院土木建筑研究所,1962年更名为中国科学院工程力学研究所,1998年改名为中国地震局工程力学研究所。

天健做主持人,边吃饭边祝酒,十分开心。

2004年,欧进萍及其他学生共同为我庆祝八十大寿

一辈子辛勤劳动给国家做出贡献,和家人相亲相爱,互相帮助,才有幸福的晚年生活。三个女儿都很孝顺,大女儿一直在身边照顾我们,二女儿退休后也回来了,三女儿每年回来一次,每星期打一次电话。我的几个妹妹生活得也很幸福。还有就是我们家有个很好的保姆,工作很勤快,和妻子关系很好,做饭很适合我们的口味。总之,不仅我们自己生活得很幸福,三个女儿和亲戚朋友们都生活得很幸福。

岁月有四季之分,没人会感到不美满。同样,人们也只需循着生命的季节运转,让开花的季节开花,让结果的季节结果,那样,人生的任何一个季节便都会像诗一样美好!

附录：
# 学生及家人心目中的王光远

# 一日为师,终身受益

——郭 骅① 董明耀②

我和发妻董明耀(已于 2016 年去世)1964 年 9 月在同济大学毕业后一同被分配到哈尔滨建筑工程学院(简称哈建工)工作,成为王光远老师的助手。1987 年 7 月同时工作调动离开哈建工到同济大学。23 年(从我 22 岁到 45 岁)中我们频繁接触王老师,从选择研究方向,学习研究方法,严谨治学态度,到高尚做人做事各方面都受到了深刻影响,终身受益(我今年已经 81 岁)。为人一世,幸得终身良师,并能长期得益于良师,实为幸事。我们愿回忆一二与友人们分享。

实验和理论是研究工作的两条腿,缺一不可。这是我作为一个刚毕业的学生,从王老师那里首先听到的教导。我一到哈建工,就被分配给王老师当助手。他派我到中国科学院工程力学研究所学习一年抗震实验方法。1964 年以前,国内大学力学本科教育很少接触实验,所以我对实验所知甚少。1964 年,中国只有极少数高层次研究单位才有实验设备,王老师希望我充分利用这一难得的学习机会,学完后回哈建工开展我们自己的抗震实验。可惜的是,在我未去报到之前就收到通知,因我舅舅在台湾,我政审通不过,不得不转到理论力学教研

---

① 郭骅:美国 Galaxy 科技公司总工程师。1941 年出生于上海。1964—1987 年在哈尔滨建筑工程学院工作。其间,与王光远教授在工作上有密切的联系。本文撰写于 2022 年。——编者

② 董明耀:美国 Galaxy 科技公司系统分析专家。1940 年出生于上海。1964 年毕业于同济大学应用力学专业,毕业后在哈尔滨建筑工程学院任教。其间,与王光远教授在工作上有密切的联系。——编者

室,一直教学到 1987 年离开哈建工。但是,王老师让我明白了实验的重要性,一生中一有机会便紧抓实验和理论两个方向,使研究工作得到充实。

身处无法改变的政治气氛下,仍需心胸开阔。1966 年"文化大革命"开始,我们在校内天天上午政治学习,下午无事可干,常常约几个人躲在材料实验室里打桥牌。我和王老师都是常客,几年的牌友增加了相互了解的机会,为日后多年合作创造了条件。1970 年 7 月,哈建工根据上级指示,把大批教师送到农村插队落户,接受贫下中农再教育。王老师、叶老师(师母)、我和董明耀分配在一起插队。每几个月有一次一整天的政治学习。在有一次的学习中,县领导总结知识分子被再教育的成果,举了王老师和叶老师的例子说明再教育的必要性。这位领导说:"王老师刚下乡时不知道'井'是个什么东西,问老乡'那个洞是什么?'"那位领导又说,"王老师虽然是力学教授,但无法在挑水时控制前后水桶的平衡,所以要求叶老师帮忙。当一个水桶翘起来时,叶老师用手把它压下去一点,才能使两个水桶平衡。"由此证明知识分子到农村接受再教育的必要性。我一听就知道这是该领导不了解情况伪造出来的故事。王老师的老家在河南农村,抗战逃难离家时已是青年,如何可能不知井为何物?如何可能不会挑水?会后闲谈时,我试图安慰王老师,他毫不在乎,淡淡地说:"随便他怎么说吧。"

王老师和叶老师待学生和助手如亲人,和同事相处宽容大度。我们插队落户期间,有一次董明耀回哈尔滨看病,没有住处,叶老师让她住在她们家。董明耀此时已有身孕,从农村乘公共汽车进城,由于当时农村公路质量很差,一路颠簸到城里,造成流产。董明耀当时不知道什么是流产,叶老师在她用完厕所后从马桶里取了样本,送到哈尔滨医科大学实验室化验,才知道她已经流产。因此,我们才能及时注意,没有造成严重后遗症。有一次,我们在王老师家讨论问题,刚好遇到一位青年教师来访。他的孩子有疑难病,希望到北京找高水平专科医生诊断。他知道王老师和叶老师有一个亲属在北京大医院当医生，所以他来请王老师求他在北京的亲属帮忙。王老师立刻答应和他亲属联系。我记得这位青年教师在"文化大革命"初期批判"反动学术权威"阶段，也在王老师的批判会上发过言。于是我问王老师："是否还记得这位青年教师对你的批判？"王老师十分温和地说："这位青年教师和我在'文化大革命'前有过长时期密切的交往。他如果在'文化大革命'初期不参加对我的批判，他自己就很可能受到批判。"王老师又说："我和同事们在一起闲聊时往往很随便，不会考虑哪些话可能不恰当，也不会考虑哪些闲谈将来可能受批判。所以，在运动中的所谓'批判'，只要不是恶意造谣、无中生有便不必计较，应该原谅。"

  王老师非常重视学生和助手的求学愿望，并给予尽可能多的支持。1972年下半年回城，我们已经三十一二岁了，渐渐意识到人生中时间的宝贵。痛惜1966年到1972年白白浪费了的六年时间。我们俩大约在1973年到王老师家，向他提出一个请求，希望他能接受我们作为他的学生或徒弟。我们希望一边作为他的学生，一边作为他的助手，努力学习完成他交给的研究任务。王老师在1973年时并没有接到过国家正式的科研任务。他知道我们自愿跟他学习，非常高兴。他告诉我们，由于六年几乎不看新出版的科研论文，刚看时他本人也感到朦朦胧胧。此后，王老师把他"文化大革命"前十多年已经在各种杂志上发表的文章，系统地整理成一本专著《建筑结构的振动》，1978年在科学出版社出版。通过这本从基础理论到工程应用相当全面的专著，我们跟着王老师得到了比较系统的学习结构动力学的机会。

  敏锐识别有潜力的新方向是王老师的基本能力。在高速电子计算机得到广泛应用之前，科学研究多年依赖两个传统学科：理论分析和科学实验。由于计算机计算速度的限制，由理论建立的数学模型无法在短时间获得满意的数值解。1973年，王老师重回科学研究第一线后，发现世界上新发表的结构工程研究文章很多和"有限单元法"相关。"有限单元法"是由美国加利福尼亚大学伯克利地震研究中心教授 Ray W. Clough 从 1956 年的经典论文开始,与世界上其他数学建模研究者经过近二十年共同发展起来的一种新的数值计算方法。随着数字计算机运算速度的加快,有限单元法渐渐彻底改变了结构分析和设计领域。二十世纪七十年代后期,该方法已经扩展到许多工程领域,包括结构设计的安全评价,以及飞机、汽车、核工程和石油工业等等,使得这些工程领域中复杂系统的数值分析成为可能。到 2009 年,国际科学界首次提出:除理论分析和实验这两个更传统的学科外,"数学建模"已经成为进行科学研究的第三个必要学科[①],而"有限单元法"正是上述第三学科"数学建模"中最重要的方法之一。王老师在 1973 年从农村插队回校继续进行研究工作后,很快就意识到有限单元法模块式计算方法和传统计算数学的根本区别,并意识到它即将在科学研究中显示不可替代的重要性。这一及时发现为他的学生和助手们跟上国际水平创造了优越的条件。

重视导师和学生双向提高的机会。二十世纪五十年代,王老师一方面作为苏联专家的助教,给从全国各大学选出的毕业生上有关力学课;另一方面,他在 1966 年前已经培养了 6 名建筑结构抗震和结构动力分析方面的研究生,可惜研究工作被"文化大革命"中断多年。1973—1977 年,王老师在大学重新招收工农兵学员后,又自行恢复了研究,试图跟上国外科学研究的步伐。1977 年,他已经 53 岁,深感机不可失,当教育部恢复正规研究生教育后,王老师提出一次招收 12 个研究生同时培养,得到哈尔滨建工学院领导的批准。这 12 名学生在二十世纪八十年代初毕业后全部成为分布在全国各地用人单位的骨干力量。

---

① 参见 Quarteroni"科学与工程中的数学建模",AMS(美国数学学会)通告,第 56 卷,第 1 期,2009 年。——编者

助手们在跟随王老师过程中不断得到新机会，王老师自己也成长为国内外知名的杰出学者。1977年，中国石油化学工业部在南京举办了国内"文化大革命"后首届"有限单元法学习讨论班"，邀请了中国科学院计算数学研究所的冯康研究员等专家进行了系统讲学并组织了讨论。王老师及时派遣董明耀参加了这个学习讨论班，回校后利用学到的知识，进行了计算机程序编制，完成了《建筑结构的振动》书中大量例题，供1978年出版时使用。同时根据学院的需要，王老师把董明耀临时调到学院计算机教研室参加筹建，提高了她使用计算机的能力。在培养研究生和使用助手的过程中，王老师也一面培养一面使用，既开设了新研究生课程，又完成了新的研究生教材，如《结构优化设计》(王光远、董明耀编著，1987年，高等教育出版社)。

抓住改革开放的机会和国际前沿接轨交流。王老师重新开始结构动力学研究后，准备在科学出版社出版《建筑结构的振动》一书时，他注意到美国加利福尼亚大学伯克利地震研究中心教授 Ray W. Clough 在1975年出版的世界上第一本用有限单元法编写的《结构动力学》。王老师的《建筑结构的振动》(1978年)也是一本结构动力学方面的前沿性专著，但它基本上是以经典力学为工具写成的。而 Clough 的《结构动力学》的大部分是用他自己提出的"有限单元法"直接写成，可以方便地使用高速电子计算机编写通用或专用程序来分析，并很快得到各类结构在各种荷载下的数值解。王老师深知上述两本书的区别，以及由他把这本划时代专著介绍到中国的重要性。因此，他抓住了改革开放的大好时机，及时和 Clough 教授联系，表示愿意把 Clough 的英文书翻译成中文。Clough 教授非常高兴，不仅在1980年应邀到访哈建工并做了讲座，1981年他还在中译本的出版前言中写道："我们希望，本书在你们为减轻地震危害的努力中，在培训你们的科学家和工程师(他们有可能参加国际合作来共同解决这个世界性问题)方面做出积极贡献。"后来王老师和王焕定教授等又在1993年组织翻译了这本书的第二版,被用作研究生教材。通过 Clough 教授,王老师帮助哈建工地震研究中心和美国国家地震研究中心建立了长期协作关系,促成多名哈建工学者短期访问美国国家地震研究中心并参加研究(郭骅,1979—1981 年;欧进萍,1995—1996 年;吕大刚,2003—2004 年;张素梅,2004 年 1 月—8 月)。我在那两年中,听了两遍(第一遍基本没太懂)Clough 教授本人开的"结构动力学"研究生课。1980 年,加州地震,造成数百个葡萄酒不锈钢罐底部屈服破坏,需要确定修复方案。当时 Clough 教授已近六十岁,在有限单元法方向上已从事了近二十年研究,并已获得国际声誉。但他决定把此后的研究主方向改到通过振动台实验,而不再仅仅用有限元数值分析来发现合适的抗震方案。当时他安排一位博士后完成酒罐振动台实验。我想起 1964 年失去的王老师给我提供的到中国科学院工力所学习实验技术的机会,便请求 Clough 教授允许我作为那位博士后的助手,参加了一年左右的振动台实验。这为我往后二十五年以实验为主的科学研究生涯打下了基础。

利用老师的核心价值观使自己在学术上受益。1987 年,我们离开哈建工,调到同济大学,两年后我已 48 岁,决定赴美寻求发展。试来试去,都不成功。1991 年初开始在密歇根州立大学跟随一位比我小 18 岁,但手上有充裕研究经费的道面工程助理教授 Mark Snyder 博士攻读博士学位。他当时刚完成用钢传力杆道面接缝实验为主的博士论文,整理出传力行为,但是没有合适的分析软件。我想起王老师在二十世纪五十年代进行的屋盖模型分析就是从已有厂房实验结果开始的,应该利用现成的实验研究成果。于是我从美国高速公路管理局资助发展起来的一个分析刚性道面(多板任意车载)的有限单元法程序(JSLAB)开始,利用实验结果和现有程序,加上学到的有限单元法建立分析工具。很快我就发现原来程序中的板间接缝有限元模型存在基本理论错误。我又想起王老师在 1978 年出版的《建筑结构的振动》一书中的总结发现,二十世纪四十年代匈牙利研究者做的工业厂房实验正确,但建模错误的历史经验:实验显示屋盖的主要横向变形是剪切,但研究者仍使用弯曲梁作为模型进行理论分析。1959年,哈尔滨工程力学研究所进行了40余栋厂房实验,王老师分析了这些实验的结果,在《建筑结构的振动》213页写道:"如果在结构计算简图中将屋盖简化为梁,那么这个梁的变形最接近于纯剪切变形。"这一结论为工业厂房的设计奠定了理论基础。王老师的第一批研究生之一刘季教授(已故)把王老师的上述思路继承并发展到多层空旷厂房空间作用的研究中,在国际上得到了很好的评价。而我利用了王老师的纯剪切传力的思想,发现并改正了在JSLAB中已有的有限元模型中的错误。利用我的博士生导师Mark Snyder的实验结果,推导了传力杆由单杆弯曲变形等价转换成接缝整体纯剪变形行为的公式,已被美国机场道面规范和高速公路规范接受使用。这一工作,使我受益匪浅:用十八个月,完成了一般要四十八个月才能完成的博士研究,得到学位,并立即获得在美国国家机场道面研究中心的工作机会。

  扩展老师的核心价值使自己长期在研究工作中受益。1992年9月开始我被银河科技公司雇佣,全职为美国航空管理局机场研究中心工作23年,直到2015年退休。人生能否快乐如愿,不仅取决于参加工作前接受的教育、健康状况,也取决于能否发现和抓住机会,而正确理解并利用老师的核心思想对抓住机会也是十分重要的。1990年美国(波音)和欧洲(空客)经过长期研究,都已发现当时最大型号的客机即B-747必须改造。特别是整机从四个承载轮组,每组四个轮子,改成两个承载轮组,每组六个轮子(B-777),以便减少飞行时机腹内存放全部承载轮组的空间,才能提高航空运输的经济效益,这是航空界的一个战略性变化。但是,无人知道六轮轮组是否会对道面产生比四轮轮组更大的破坏力。回想美国飞机研制从二十世纪四十年代开始就一贯是在实验和理论两条腿的支持下进行的。在取得可靠实验结果之前的设计方案只能用理论模型,加上经验进行估计,此时设计必须使用较高的安全系数。等实验结果证实可靠后,再用它对理论结果的可靠性进行鉴定和修正。美国机场道面研究历史证明这两条腿必须相互支持才能成功,这和王老师二十世纪五十年代研究成功起步时的基本思路是一致的。我在美国工作 23 年,基本上都是围绕能否放飞 B-777 和判断它运行时对机场道面的实际破坏能力进行的。1992—2000 年,实验设备尚在制造,B-777 的破坏性只能用高速计算机和各种数值计算方法,如有限单元法来估算。王老师在 1973 年开始认识到有限单元法的未来潜力,为我在 1979 年创造了直接跟随 Clough 教授工作两年的机会,既学了有限单元法,又学了如何做实验。使我后来在攻读博士学位和加入美国机场道面研究中心工作的初期(2000 年前)能使用有限单元法完成工作任务。美国机场研究中心在我参加工作后开始建造全世界唯一能足尺模拟大型飞机承载轮组的加载设备。2000 年该设备投入使用后,美国航空总局在当时刚从英国移民到美国的 Gordon Hayhoe 博士的领导下,利用这一设备连续多年进行了足尺实验,其中两类实验最为重要。实验的基本思路是利用一个已知参数来评估另一个未知参数,我们跟随王老师多年,在工作中很快就理解了这种思路:

(1) 使用不同的两个荷载轮组在两种相同道面上同时滑行加载。由于 B-747 在 2000 年已飞行 30 年,破坏力是已知的。美国联邦航空管理局的研究组对 B-777 荷载轮组和 B-747 荷载轮组在 9 种道面上进行了超过 30 000 次的平行加载实验。说明 B-777 的破坏能力和 B-747 相近,因此可以放飞。自 1995 年第一架 B-777 放飞至今,26 年机场道面行为正常。

(2) 使用同样的两个荷载轮组在两种不同道面上同时滑行加载,观察并量测这两种道面在同样荷载下的破坏程度,鉴别不同道面(结构/材料)的耐用能力。这种实验可以有效、快速地发现既耐用又经济的道面。

# 三千桃李遍天下，著述喧传叹绝伦[①]
## ——王光远院士素描和一些工作生活轶事

霍 达

一说起恩师王光远院士的科学成就、突出贡献、治学态度、家国情怀、教书育人和师生情谊，脑海里就不断蹦出学霸、巨匠、泰斗、宗师、鸿儒、爱国者和真正的共产党员等词语。有诗赞云：宗师桃李遍天下，著述喧传叹绝伦；春晖熠溢报国志，至忠至孝磊落人。

王光远院士是科学道路上的勤奋攀登者。他学富五车，才思敏锐，刻苦踏实；他才高八斗，聪明睿智，具有深厚的学术功底和开创能力；他创新力超强，学术成果丰富，著述绝伦，是著名的力学巨匠、学术泰斗。

王光远院士是育人园地里的谆谆教导者。他不拘一格，诲人不倦，呕心沥血地为国家培养了一批又一批的栋梁之材，他三千桃李遍天下，是许多青年科技才俊们崇拜敬仰的一代力学宗师。

王光远院士是人间凡世中的厚德笃行者。他光明磊落、刚正不阿、坚持原则，他爱国爱党、粪土钱权，他至忠至孝，是一名满怀民族情一心报国恩、孝亲尊师爱道、有良心的共产党员知识分子。

总之，王光远院士是我一生追随学习的榜样。

## 王光远院士是科学道路上的勤奋攀登者

认识王光远的人都说他聪明睿智、才高八斗、思路敏锐，这当然是事实。但这只是结果，更重要的是原因，是源自他博览群书成就的学富五车，是源自他刻苦钻研、随时验算推导和深度思考造就的深厚学

---

[①] 本文撰写于 2022 年。——编者

术功底。"多读、深思、勤动手,日积月累就会有所沉淀",这是他经常告诫我们的真经。他也就是这么实践的,因此说王光远院士是一个在崎岖的科研荆棘小路上挥汗如雨的苦行攀登者一点也不为过。

叶师母常常心疼地跟我们说:"你们王老师几乎总是后半夜才睡觉,第二天又常常早起去上课,有时几天几夜也不睡,真怕他身体吃不消啊!"老师却总是笑着说:"没事,半夜安静有精神,适合学习和思考。"唉!也真是没办法啊。你到他书房去看看,那一堆堆的专著教材,一本本的读书笔记,一摞摞的推演数据纸,一沓沓的重点内容记录卡……,还有那密密麻麻的批注,不都是书房主人辛勤汗水浇灌出来的吗?

**必要到充要的创新**。记得一次专业课考试,王老师说为了启发你们思考,题出的活了一点,就开卷也不限时了。主要是有一道求四杆桁架满应力设计的题,求解极其繁杂费时。我们十多个人大都干了一整天到下午四点才交卷,中午饭还是小师弟季天健出去买的面包、香肠和汽水。但是研究生入学考试时数学考了满分100的王志忠(后任佳木斯建筑设计院结构总工程师和佳木斯市副市长)却说:"你们怎么回事,用加勒格尔公式一套,根本没有满应力解还求个啥呀?"我们说都求出来啦!难道十多人全错啦?王志忠也蒙了,就去问了王老师。原来王老师早发现了加勒格尔公式只是必要而不充分条件。当时就把厚厚一摞他辛苦推导的各种三、四、五杆桁架满应力解的手算材料(当时尚无个人计算机和电子计算器,手工求解六杆以上超静定桁架的满应力解是不可能的)给了王志忠,让王志忠进一步深入分析并继续验算更多的算例,以求得正确的桁架满应力解的判别公式。在王老师的指导并亲自参与下,王志忠废寝忘食地日夜奋战,终于在定义满应力度新概念的基础上,以极其简洁漂亮的形式给出了充分且必要的桁架满应力判别新公式。这一成果二人合作发表在《固体力学学报》的首篇论文位置。当时的大连理工大学校长、中国科学院学部委员钱令希院士的学术专著《工程结构优化设计》即将付印,他马上将这一成果加了进去。后来我又通过引进δ函数给出了满应力度的求解方法,这些成果最后被收入我和王志忠、王东炜合作的学术专著《工程结构设计的两相优化技术》中。

**两相优化思路的简捷**。我们在上专业课时,王光远院士曾把他恩师孟昭礼教授启发他的习题剖解开来让我们深入钻研,那是通过一个转动圆盘在边缘处有外接触来探讨相关能量动量的思考题,因此我们对结构的能量动量情有独钟。当王老师让我们考虑抗震结构的优化设计时,由于结构抗震性能首先是要极大地消耗地震能量,我自然想到的就是要建立结构能量消耗和结构材料最少的关系,可是却一直无从下手。王老师拿出厚厚一沓材料,是他以静定两杆桁架为例推演结构总应变能和最少材料设计关系的手算数据。王老师说:"对桁架来说,应变能与荷载和节点位移是线性关系,应力与荷载的关系也是线性的,你看从这是否能启发点什么?"寥寥几句指点瞬时便让我顿开茅塞,有了一种能级跳跃升华般的感觉。在王老师指导和亲自参与下,在提出最大总应变能准则及最小最大总应变能准则和对多工况进行加权平均的基础上,提出了结构设计和结构选型的两相优化法,整个优化过程分为两个阶段:分别在结构性态空间求最优性态和对应最优结构性态在结构空间中求出最少材耗设计。过程非常简洁明了干净,受到钱令希院士"令人耳目一新"的高度评价,被列为中国结构优化十年中仅有的两项理论成果之一。部分内容分别发表在《力学学报》和 *Engineering Optimization* 上,并作为一章被写入王老师的专著、研究生教材《结构优化设计》中。

**结构软设计理论的耀眼**。王老师学术涉猎广博、思路敏锐且接受新事物极快,常常将传统学科和新学术思想结合起来进行拓宽和创新,从而自成一派。早在二十世纪五十年代末他就发现进行结构设计时处理的数据都是要在未来才发生的,因此是随机的。这就需要将概率论与工程力学结合起来，同时还提出了施工力学的概念，他也开始了一些初步试研工作。不幸的是"文化大革命"开始了，他被下放到农村接受再教育，等过了几年以后再返回学校时国外已建立起来完整的相关理论，生生错失了奠基新学科的一次机会。1978年我们入学后，王老师的《应用分析动力学》《建筑结构的振动》等两本专著出版。《建筑结构的振动》独辟蹊径，一改从微观入手用微分方程来阐述问题的传统方式，从宏观入手用积分方程来阐述问题。尽管似懂非懂，但我们都佩服得五体投地。王老师从1981年起还招收了几名非常优秀的硕士研究生，其中王文泉极其聪慧踏实，曾被称为哈建工上空一颗冉冉上升的新星，王老师也非常喜欢他，一有什么新思想或新发现，总是设计一些研究方案让他先去钻研。王老师发现了地震烈度具有强烈的模糊性时，创造性地提出将模糊数学和结构力学相结合的思想。王文泉也不负王老师的期望，昼夜奋战，演草纸一堆一堆的，最终与王老师一起成功地建立了结构模糊优化和模糊可靠性分析理论。丰富的研究成果相继在《力学学报》等国内外多个重要学术期刊上发表，最后与王老师和其他的博士生欧进萍、陈树勋、武哲等人的研究成果一起被收入《结构软设计理论初探》中，并获国家自然科学奖，威震国内外工程力学界。我也一直把这本专著作为我校"结构工程"和"地震工程与工程抗震"两个专业的博士生专业课教材。可惜的是，王文泉同学最后却因个人婚恋不顺利而选择了英年弃世。

## 王光远院士是育人园地里的谆谆教导者

王光远院士不仅是学术界一名勤勤恳恳、孜孜不倦、学而不厌的多学科学霸，而且也是育人园地里不拘一格、呕心沥血、诲人不倦的全天候教导者，为国家培养了一批又一批的栋梁之材。

**从多学科学霸到报国恩的一代宗师。**王老师出生在河南温县，与三国时的司马懿是同乡，温县也是陈氏太极拳的发祥地。父亲是原汝南师范学校的国学教师,叶师母和大女儿王孟华是哈工大的教师,所以王老师的家庭是三代从事教育事业的教育世家。在良好家风的熏陶影响下,王光远院士是个孝悌忠信、贵道尊师之人。早年在西北农学院读本科时因聪慧和好学、成绩优异受到著名力学教授孟昭礼先生的特别培养,打下了坚实的数学力学功底。抗日战争胜利后,孟昭礼先生回北洋大学(现天津大学)任教授,王老师也追随孟先生到北洋大学工作并接任北洋大学助教协会会长。1949年新中国成立,苏联著名力学专家库滋民院士等应邀到哈工大任教,为新中国培养力学精英人才。北洋大学响应中央号召,推荐王老师北上师从库滋民教授读研深造,主攻结构力学。两年学制,王老师仅用半年,就成为哈工大历史上第二个仅半年就完成学业的佼佼者。后来王老师被哈工大强行留校辅助库滋民教授,年纪轻轻就破格晋升为副教授,开启了他一代力学宗师不拘一格育高徒、至忠至孝报国恩的辉煌航程。

　　王光远院士桃李满天下,他的弟子中有很多院士、校(院)长、市长、突出贡献的专家或总裁……,大部分弟子都是教授、博导,货真价实的国家栋梁。早在1987年初,城乡建设环境保护部在武汉召开有一百多所高等院校参加的全国土木工程专业系主任会议,仅有的两名最年轻的教授霍达(曾任北京工业大学建筑工程学院院长)和张毅刚(曾任吉林建筑大学副校长)都是王老师培养指导的首批博士、硕士,一时成为土木工程教育业界的佳话。

　　1978—1980年三年间,王老师共招收12名博士、硕士研究生,不仅专业课,有部分基础课和专业基础课也都是王老师亲自讲授,这无论是当时还是现在都极其罕见。王老师讲课并不完全脱稿,也没有事先印刷好的书,捧着个大笔记本时而瞄一眼,时而认真讲,时而在黑板上整齐地写画。课堂纪律非常好,很多其他专业和教授的学生也都纷纷来蹭课。听王老师的课不用做笔记,好好听讲就行,因为课后他会把讲稿留下让我们摘记,然后由课代表按时送回。王老师讲课循序善诱、深入浅出,内容虽深却都能听懂。跟着王老师平稳且抑扬顿挫的磁性嗓音,一步步进入老师预设的问题"陷阱"。虽然一时得不出准确答案,只能靠课后与同学争论个面红耳赤才会有些许顿开茅塞,但大家都一致认为听王老师讲课是一种参加力学盛宴的享受,让你既新奇又满足,既有懵懂又有顿悟,既很过瘾又瞬生期待。

**为国培育栋梁之材的不拘一格。**王光远院士培养人才从不拘泥于学历学科的限制,他更看重学生个人的数学力学功底和勤奋潜质。周锡元院士年轻时毕业于苏州建筑工程学校,只是一名中专生。当时王老师正受到中国科学院学部委员、哈尔滨工程力学研究所老所长刘恢先院士的邀请去哈尔滨工力所做兼职副研究员,承担工程结构抗震国家重点课题的研究工作。王老师慧眼识珠,发现周锡元聪明好学、谦虚谨慎、勤奋踏实,就为他指定书籍、布置作业和细心指导,并抽调他做自己的助手参与课题前线研究,耳提面命、不拘一格地对他进行培养。后来周锡元又得益于地震工程专家胡聿贤院士的培养与提携,调到北京任中国建筑科学研究院抗震研究所所长、科技期刊《工程抗震》主编,在地震区划和结构抗震领域做出了突出贡献并多次获得国家科研大奖,五十几岁就当选为中国科学院技术科学部院士,成为我国低学历高作为有重大贡献的著名工程抗震专家。

哈尔滨建筑大学刘季教授是王院士在"文化大革命"前招收的最后一批研究生,他本科学的是给排水工程,虽然也接触过力学,但那是流体力学,与固体力学相距甚远。王老师看中了他努力勤奋、聪明好学的劲,就开小灶对他进行数学和固体力学的专门提升辅导。刘季教授的数学力学功底有了很大提高并顺利考上了王老师的研究生。只是刘季教授完成了研究生的课业学习刚刚进入"建筑空间整体计算"课题组开始研究工作时,"文化大革命"就开始了。作为"反动学术权威",王老师被下放到农村接受再教育,留在学校的王老师弟子刘季教授就勇敢地挑起担子,联合了王老师的其他学生周锡元院士和王惠德教授(当时他们仨还只是初级职称助教或实习研究员)一起,按照王老师把结构顶部当作一个水平刚度无穷大的钢片,用变形协调对墙柱进行水平内力分配的预定研究方案,继续进行艰苦的研究。尽管手工计算量非常大,他们还是完成了任务,在王老师重回学校后顺利结题。该成果于1978年获全国科技大会奖,刘季教授也被评为有突出贡献的中青年专家。后来有一次我参加全国地震工程会议,听到一个专家说:"谁是王光远的代言人?刘季啊!在地震工程领域也只有刘季才能代表王先生发言了。"业界对刘季教授的评价之高略见一斑。

还有建筑结构专业出身的青年力学教师郭骅,刚刚从上海同济大学本科毕业就赶上"文化大革命",与王光远院士一起被下放到农村。就在大部分人放弃读书学习的时候,他按中国古典礼仪拜王老师为师,干完农活和完成政治任务后,利用晚上找王老师恶补各种力学课程,经王老师循循善诱的引导点拨、言之谆谆的启发讲解,郭骅的数学力学底蕴有了极大的提高。

**勇夺育人金牌时的耳提面命**。1978年,我考入哈尔滨建筑工程学院成为王光远院士的学生,入学的时候只是个三年制硕士生,并不是令人羡慕的硕博连读博士生(二四制)。由于当时目光短浅,看不懂课题深浅,分课题时,大家都争先挑选那些看似浅显容易的课题,我有些呆傻,稀里糊涂地慢了半拍,有可能最难而留到了最后的课题就归了我。王老师似乎很喜欢我当时的呆傻,也可能是因为刚结束的由他主讲的专业基础课考试中,我考了第一名,我高出第二名17分。王老师没再给我另配副导师,微笑着说他亲自指导我的硕士学位论文。当时我撰写科技论文的水平很低,我的硕士学位论文王老师前前后后认真改了十二次,特别是第十次几乎大改到面目全非,引导出两相优化思想的两杆桁架算例就是王老师亲自推演的。第二天我取论文时,看到王老师的黑眼圈就知道又是熬了一夜。后来钱令希院士等评委给王老师来信建议让我继续攻读博士学位,学校也有了尽早培养出第一名博士的意思,王老师就产生了让我继续攻读博士学位的想法。他鼓励我通过考博改变身份(硕士生),求研究生处处长褚桂妍老师到建工部为我办理提前分配到郑州工学院(现郑州大学)的诸事宜,解除了我的后顾之忧(父母年老多病,我是独生子女)。当时学校才刚刚建成了计算站,还没有个人计算机。王老师就派计算机较好的陆念力教授帮助我,让外语教研室刘建理老师辅导我英语(我的第一外语是俄语)……这样我也奋力拼搏、不辱使命地拿下了这块"金牌",成为我国自己培养的首批博士,哈尔滨建筑工程学院、黑龙江省和我国城乡建设系统的第一位博士。

**师生情深意重中的春晖熠溢**。做王光远院士的学生是幸福的,因他不仅是个细致入微、谨慎不怠的严师,在叶师母的辅佐下更像是春晖熠溢的慈母。

提起大家闺秀师母叶崇敏老师,不论是王老师老一代学生沈世钊(中国工程院院士、曾任哈尔滨建筑大学校长)、周锡元院士,还是一直陪伴在老师身边的学生欧进萍(中国工程院院士、曾任大连理工大学校长)和吕大刚(哈尔滨工业大学土木建筑学院副院长),抑或是毕业后远走高飞到祖国各地的学生杜修力(中国工程院院士、北京工业大学副校长)、武哲(曾任北京航空航天大学副校长)、张爱林(曾任北京建筑大学校长)、陈艳艳(北京工业大学交通学院院长)、张鹏(西南石油大学土木与建筑学院副院长)、刘玉斌(大连民族大学校长兼党委书记)等等,无不感到亲情满满、春晖盈盈。对我们学生来说,她端庄活泼、多才多艺、善解人意,对我们的生活学习工作关怀得可谓无微不至。我们有什么愁绪,她能慢声细语地一点点化解;我们有什么困难,她能帮你出主意想办法;我们生病,她能步履蹒跚给你送饭……为了能让王老师和我们放松一下,恢复体力,她还和学校为王老师配的生活秘书以及学校辅导员中的年轻姑娘们组成一个特色乐队,经常利用公休日让我们到家里小休,听听音乐,唱唱红歌,讲讲轶事。总之,其乐融融,那气氛让人一时间感到仿佛回到了家里,正与父母兄弟姐妹欢聚一堂……

不光是叶师母喜欢孩子,王光远老师也是如此。1980年暑假,我因课题忙没回家,妻子带着一岁半的儿子来哈探亲。叶师母请我们到家里做客,一见我儿子,叶师母那个稀罕,一直抱着不放手。那时候还没有尿不湿,小家伙又小,我真怕尿她一身,十分紧张。后来叶师母要到厨房去主厨,王老师的女儿和我妻也进厨房帮厨,王老师就把我儿子接了过来,我就更紧张了。但是看到王老师和小家伙那么情投意合,只要面对面,小家伙就和王老师亲亲、贴脸、还顶脑门……,就没敢往回抱。也是长脸,那么久他竟然没在王老师身上"画地图"。

### 王光远院士是人间凡世中的厚德笃行者

贫贱不移、威武不屈、富贵不淫是真正共产党员的基本品格之一,光明磊落、刚正不阿的王老师在学术和教坛功成名就后以高龄成了中国共产党党员,并用笃行实践来证实这一身份的真正价值,成了一名人间凡世不屈不挠的厚德笃行者。

王光远院士求学时正值我国的抗日战争时期,西安又邻近革命圣地延安。受共产党人的影响,他积极地参加各种支援抗日的工作。后来到北洋大学做助教时,更是积极参加"要民主、反内战"的学生游行活动。

俗语说:世事洞明皆学问。但是学术精湛、忠厚勤奋的王光远院士却对世事洞明这门学问一窍不通,一点也不会看人眉高眼低的处事手段,刚直不会变通。常常坚持了原则却得罪了人,免不了会遭到打击报复。本来读书求学是穷乡僻壤的苦孩子走向新生活或是有志学术青年开启科研大门报效祖国的有效途径之一,但也有个别人为了达到目的,想走终南捷径,想靠不正当手段巧取学位,为以后升迁或获取更多利益来做铺垫,但是这些在王光远院士这根本行不通。曾有一种说法：读大学或研究生，国外是宽进（钱够就行）严出，中国是严进宽出（能入学就能毕业拿到学位）。其实，后来对中国研究生就不那么准确了，主要是因为研究生的入学和拿学位都是导师起很大作用。这样，在个别学校，有个别导师，研究生就成了宽进宽出。但在王光远院士这里，永远都是严进严出。王老师1978年招收的12名学生只有9名获得学位，淘汰率高达25%，在哈尔滨各高校中是绝无仅有的。后来王老师的一些研究生也有毕业拿不到学位的，王老师也可能因此遭到了报复。中国科学院"文化大革命"后首次增补学部委员时，据说是最后一轮王老师高票通过了又被不说明具体原因地取消了资格。但这次打击并没有影响到王老师，他仍然坚持着严进严出的原则："想取巧？想偷懒？想走后门？在我这不行！"

王光远院士不仅至忠，而且至孝；不仅孝顺父母，而且尊敬师长。值得一提的是他对北洋大学的孟昭礼教授和夫人像父母一样孝顺，特别是孟先生去世后，是王老师为孟先生的遗孀养的老送的终，这一直是左邻右舍人们口中的善事。

受王光远院士的高风亮节和忠厚品德的熏陶和潜移默化，我研究生毕业后就到大学从事教学科研工作，为祖国培养高层次土木工程科学技术人才。1986年39岁时，我越级晋升为教授并开始担任北京工业大学土木建筑系系主任、建筑工程学院院长20余年；1993年，我被国务院学位办批准为结构工程博士生导师并担任了教育部科技委工程技术学部委员，后又获批建筑结构高级工程师和国家一级注册结构工程师，曾任北京工业大学建筑设计院（甲级）的结构总工程师。先后发表学术论文300余篇，出版教材专著10余部，参加过高层建筑、小型钢铁厂等数十项工程的结构设计、建筑施工或工程监理，获省部级以上学术奖励20余次，在坚持把本科生教学和本科毕业设计放在首位的情况下，培养指导硕、博士研究生和博士后130余人。被评为化学工业部突出贡献专家、北京市劳动模范和高教系统优秀共产党员、北京市教学名师,获五一劳动奖章并享受国务院政府特殊津贴。

从1964年上大学本科时我就是王光远院士的粉丝,为此还被误解为要走白专道路而在班会上遭到批评。数十年来追随王光远院士的脚步在科学道路上勤奋攀登、在育人园地里谆谆教导和在人间凡世中厚德笃行,一直尽最大努力发扬光大王光远院士学派的学术思想。尽管所成微薄,但此生无怨无悔。能成为王光远院士的弟子,很骄傲!

# 尽信书不如无书

——张爱林[1]

## 师门有缘,历经曲折,终成光远先生弟子

王光远先生常常谈起,他在青年时代遇到了一位好老师孟昭礼教授。今天,王老师的学生们也都说自己遇到了一位最好的老师。这是历史的巧合,更是师生之间难以说清楚的缘分。

我成为王光远老师弟子缘自我的硕士导师王惠德副教授,王惠德老师是1949级哈尔滨工业大学工民建专业五年制本科生,王光远老师当时是建筑力学教研室主任,主讲结构力学、弹性力学等课程。王惠德学习优秀,1952年王光远老师就让他提前当助教,1954年毕业留校任教,与王光远老师成为同事,"文化大革命"期间调到大庆石油学院任教。我是大庆石油学院(现东北石油大学)1979级力学专业本科生,王惠德老师是机械系主任,他主讲的弹性力学等课程很精彩,1983年我就应届考上了本校石油机械专业硕士研究生,导师王惠德。我在力学专业本科阶段就系统学习了数学物理方程、弹性力学、塑性力学、有限单元法、断裂力学等课程,当时土木、机械等工科类专业硕士研究生才学习这些课程,我入学后发现本校石油机械专业可选的研究生课程很少,因此,王惠德老师联系哈尔滨建筑工程学院,1983年9月派我去跟王光远教授的结构力学专业硕士生一起上研究生课。

---

[1] 张爱林,哈尔滨建筑大学1991级结构力学专业博士研究生,导师王光远。现任北京工业大学教授、北京学者,曾任北京建筑大学校长、中国钢结构协会副会长、中国城市科学研究会副理事长等。此文写于2022年。——编者

哈尔滨建筑工程学院1983级全体硕士研究生合影留念

当时王光远教授和董明耀副教授主讲的结构优化设计这门课引领了我选择硕士研究生学位论文的研究方向。1984年7月学完基础课,我就回到大庆石油学院准备学位论文研究选题。王惠德老师当时主持石油部重点科研项目"3200米钻机前开口井架试验研究及理论分析",该项目针对我国油田在用塔型井架技术经济指标落后的现状,与我国宝鸡石油机械厂合作研发技术先进的新型前开口井架,该井架不能按常规桁架模型分析,否则变为机构。就是因为我学习了结构优化设计理论并查阅文献,了解当时国内外对整体稳定约束的空间桁架优化、空间刚架优化设计问题还没有解决,因此我的硕士学位论文题目选为《井架结构优化设计——空间刚架模型》,论文研究成果发表在《石油学报》1987年第1期上。上述项目最后获得石油部1989年科技进步二等奖。1986年2月,我把硕士学位论文送给王光远教授评阅并联系读他的博士研究生,王老师3月2日写的评阅意见,对论文给予了高度评价并同意我报考他的博士研究生,遗憾的是所在学校不同意报考,要求我留校任教,不给开报考介绍信,我的正常求学愿望没能实现,当时对于年轻的我是一个很大的打击。工作五年以后再考,1991年9月我终于如愿以偿,成为王光远先生的博士研究生,这是我学业、职业乃至我人生的重大转折点。

1987年8月,我(右2)和王老师(左2)在山东威海参加黑龙江省力学学会年会

**恩师战略创新引领,大先生为国育才**

入学跟导师见面,王老师送给我的第一句话就是"尽信书不如无书"。他解释道,真理的绝对性和相对性是辩证的,学习科学技术理论和知识,当然要相信前人在当时的历史条件下、假设条件、技术装备条件下研究得出的结论,大多数是正确的,但是任何理论知识都受思想认识水平、相关科学理论、计算和试验技术、仪器设备条件等限制,环境条件是变化的,科学技术也是不断进步的,不要尽信,更不能迷信,特别是研究生,就是要敢于提出新问题,研究新领域。

王先生不断开拓新研究领域的创新精神感召和激励了一代又一代学生,王先生深刻思考、敢于提出带有挑战的问题,发表独树一帜且有独到见解、在前沿探索的论文,开创了一个个重大研究课题甚至研究领域,引领了学科创新研究和发展。举个小例子,1981年,王光远老师在非正式出版物《"石油建筑设计"高耸结构论文专辑》上发表了论文"高耸结构风振的控制",开创了我国土木工程结构控制研究之先河,引领了后来我国工程结构防灾减灾控制创新研究,该论文被引用无数次。

我在哈建工上的基础课——应用分析动力学,教材就是王老师编著的。王老师在国际上是最早采用随机振动理论研究结构抗震的人,虽经"文化大革命"十年严重影响,研究成果难以在国际期刊发表,但是仍处于国际领先水平,1978年出版了专著《建筑结构的振动》,得到国际著名专家克劳夫的高度评价。因为专著侧重于阐述各种工程结构具体应用成果,不适合作教材,王老师又编著了《应用分析动力学》当作教材,侧重基本理论和基本计算方法,用分析力学的方法能严格地阐明有限自由度体系振动的普遍规律和计算方法,而且所得规律可推广于无限自由度体系,这非常有利于提高研究生的普遍性归纳抽象能力。这本教材的突出特点是简约不简单,把抽象的概念、理论和方法讲得简洁明快,重点突出,语言通俗流畅,学生读完就理解得很好,可以说几乎不需要老师再讲解,特别是例题和习题,既消化了基础理论,又学会了怎么应用。

研究生专业课所用的《结构优化设计》教材是高等教育出版社邀请王光远老师写的,是全国最早的结构优化设计方面的研究生教材,该书后半部分包含了王老师具有鲜明特色的研究成果。二十世纪八十年代初,国内结构优化设计研究领域的领军人物一个是钱令希[①]先生,一个是王光远先生。钱令希先生1983年出版专著《工程结构优化

---

[①] 钱令希(1916—2009),江苏无锡人。工程力学家,中国计算机力学工程结构优化设计的开拓者,1955年被选聘为中国科学院院士(学部委员)。——编者

设计》，他带领大连理工大学强大的计算力学和大型软件研发团队，突出优势和成果是结构整体优化和分部优化的结合、DDDU 程序系统、分布参数及实体结构优化设计等。而王光远老师以精干的特色方向在国内外独树一帜，成果包括结构两相优化法、抗震结构的优化设计、结构模糊优化设计等。王老师在书中讲道"从广泛的意义来说，所谓'优化'就是从完成某一任务的所有可能方案中按某种标准找出最好的方案，对各种问题只要存在不同的解决办法，就可进行优化。因而，优化技术必将在自然科学、工程技术以及社会活动等方面得到日益广泛的重视和应用"。这段话让我受益终身，从上了这门课以后，无论我干什么工作，首先想到的是怎么在多种方案中优化选择出更好的方案，包括后来我主管的学校的事业发展规划和学科建设规划、校园规划和奥运场馆规划建设及赛事组织工作。王老师强调，结构的优化设计在需要时还可以提高结构的功能，使设计工作取得主动和自由。至今国际上基于性能(function based design)的结构设计研究一直热度不减，证明了王老师的战略远见。1983 年，王老师在《力学学报》第 4 期上发表了论文《结构设计的两相优化法》，最早提出对结构的设计向量和性态向量同时进行优化，这一思想对于我后来研究多次预应力钢结构优化设计理论有重要指导，因为预应力钢结构优化设计必须考虑预应力度这个性态控制变量。

二十世纪八十年代中期，我国很多老旧工业厂房年久失修，安全问题突出，改革开放后新型现代化产业提出新功能和承载需求，其结构可靠性评定问题(包括安全性、耐久性、适用性问题)成为亟须研究的热点，特别是个别留学回国人员引进的专家系统(expert system)成为国内可靠性评定的时髦课题。1987 年 6 月，国家自然科学基金委在哈尔滨北方大厦召开工程结构新理论研讨会，王老师对创新发展工程结构软件和专家系统是肯定和积极支持的，但是他见解独到，明确指出，专家系统中无论是评定方法、专家经验，还是推理决策，关键还是弄清多种因素引起结构抗力降低的机制,才能按照抗力、荷载效应两大要素评定服役结构可靠度,否则专家系统中 IF THEN ELSE 判断语句就没有科学依据。当时有人调侃说99%的专家系统都得进垃圾堆,后来证明果真如此。王老师1990年按照结构全寿命可靠性逻辑,提出结构服役期间的动态可靠度及其维修理论,指出当前结构可靠度的概念与定义都是针对固定的设计基准期内(比如50年)设计结构构件的,不能将其盲目照搬于服役多年的结构,需对不同情况的服役结构加以区别。结构在时段$[0,t_1]$内已经正常工作,预计再继续正常工作$T_1$年。令$\Omega_1$代表该结构在未来$T_1$年中在预定的工作条件下能继续正常工作这一随机事件,则该结构在$t=t_1$时的动态可靠度定义为$\Omega_1$发生的概率。王老师的这一定义看似简单,实际上科学巧妙地处理了结构抗力时变连续性与服役结构阶段可靠性的评定关系,既有严格的科学理论,又能够符合实际工程定期监测做法,便于实际工程应用。后来我国在役海洋石油平台和石油井架工程可靠性评定证明了这一点,特别是分别按照安全性、适用性、耐久性评定或者综合进行动态可靠性评定是一个难题。

王老师出版的两部教材

1992年,王先生出版了专著《工程软设计理论》,送给我一本,亲笔写下"赠给爱林,老师光远"。这本专著对我最大的思想启迪和指导就是王先生以战略科学家的思维,提出了土木工程大系统优化和工程结构全寿命可靠性理念及四个重大问题:工程系统全局优化设计问题、不确定性信息和因素处理问题、已建成工程的科学管理(控制)和维修问题、如何充分利用专家知识的问题。这些思想和重大问题当年不仅指导了师生创新研究,也引领了国内外的前沿研究。时至今日,土木工程全寿命可靠性(安全性、适用性、耐久性)设计、评定和运维问题、智能设计和智能建造不确定性信息处理和决策问题、结构抗震控制及防灾减灾城市韧性问题等重大前沿问题都证明了王光远老师的战略远见。

### 继承和弘扬光远先生之道

读博士期间,我在王老师指导下研究服役石油井架的动态可靠性评定,服役石油井架结构是定期检测的,一方面可以得到已服役期间结构各种几何缺陷数据,也可得到加载(验证荷载)数据;另一方面将"连续时变"转换为"间断时段",将其可靠度评定时段化,更符合工程实际。我作为主要完成人的科研项目"塔型井架的可靠性研究与评定"获得1994年中国石油天然气总公司科技进步三等奖。

1994年10月准备博士论文答辩时,我才决定继续申请做博士后研究,在王老师的推荐下,多个大学接收我,最后我选择去大连理工大学跟赵国藩[①]教授做博士后。赵老师是我国著名的结构可靠性专家,当时参加国家基础性研究重大项目(攀登计划)"重大土木与水利工

---

① 赵国藩(1924—2017),山西汾阳人,土木建筑结构工程学家,1997年当选为中国工程院院士。——编者

程安全性与耐久性的基础研究",首席科学家是清华大学张光斗[①]先生,赵老师负责课题"有关建筑结构安全性与耐久性设置标准的基础研究",每年年底到清华大学进行年度汇报总结。针对损伤、缺陷、抗力衰减和失效准则不定性影响,继续研究高层钢结构动态可靠性评定。赵老师带领我们学生团队的研究成果"工程结构可靠度理论及应用"获得1998年国家科技进步奖二等奖。

1996年12月博士后出站,我到北京工业大学土木工程系工作,1997年我就为北京工业大学结构工程专业研究生首次开设了工程结构可靠性理论、结构优化设计两门课。至今我仍在北京工业大学讲授研究生的工程结构可靠性理论课程,后续又开设了预应力钢结构、高等钢结构理论等课程。刚开始研究方向就是结构优化设计与可靠性评定,后来发展了大跨度预应力和装配式高层钢结构体系创新方向,此创新方向成为国家一流学科和土木工程博士授权学科特色鲜明的研究方向,我已指导毕业博士24名、硕士125名。

离开老师和母校,就得自己独立申请获得项目资助,才能真正开始科研和研究生培养。1997年春,我申请了北京市自然科学基金"结构可靠性优化设计实用方法",很幸运当年获批了,经费只有5万元,这第一桶金是真正的科研启动费。后续我申请并获批了国家自然科学基金资助项目"基于可靠度的预应力钢结构优化设计""大型预应力钢结构全寿命健康监控关键理论与试验技术研究""模块化装配式高层钢结构体系创新基础研究",北京市自然科学基金重点项目"轻型化装配式多高层住宅预应力钢结构体系创新基础研究",科技部科技奥运专项"奥运羽毛球馆预应力钢结构优化设计及结构健康监控研究"等项目资助。

通过项目资助,我们建立了多次预应力、多工况、多约束的大跨度

---

① 张光斗(1912—2013),江苏常熟人,水利水电工程专家和工程教育家,清华大学原副校长,中国科学院和中国工程院资深院士。——编者

预应力钢结构优化设计理论和方法,提出了预应力张拉与承载全过程性能化设计方法,解决了同时优化设计几何参数与性能参数预应力度耦合复杂问题,优化控制了预应力度和结构变形,使得体系更轻、跨度更大,实现经济和安全双优目标。自主创新发明了大跨度预应力钢结构新体系,包括装配式大跨度预应力弦支穹顶、索穹顶结构新体系。对于新型大跨度弦支穹顶,沈世钊院士主持成果鉴定并给出意见:"这是一项非常成功的结构体系创新,该项目取得的多项研究成果已经在2008年奥运会羽毛球馆工程中得到成功应用,建成了世界上第一个大跨度弦支穹顶,取得了显著的经济效益和社会效益,得到了国内外同行的高度评价。"我们解决了重大工程应用系列关键科学技术问题,突破了国际上制约大跨度的结构体系与节点构造核心技术瓶颈,主编了首部《预应力钢结构技术标准》,把论文写在中华大地上,为我国建成世界上首个大跨度弦支穹顶、单体最大跨度的北京大兴国际机场航站楼钢结构和国内首个大跨度索穹顶等重大工程做出了重大贡献,填补了国内外新理论、新体系、新技术、标准规范及工程应用的空白,取得了国际领先的创新成果。2008年、2021年,我们两次获得中国钢结构协会科学技术特等奖,2009年获得中国土木工程詹天佑奖,2015年获国家科学技术进步二等奖。

基于新型建筑工业化和智能建造,创新全螺栓装配式高层钢结构新体系,建立装配式节点和结构体系设计方法。针对传统高层建筑结构混凝土现场手工浇筑、钢结构现场焊接、施工周期长和污染严重等突出问题,自主研发桁架梁-方钢管柱装配式钢框架、带Z字形悬臂梁装配式钢框架、装配式高层钢结构箱型截面竖向构件连接节点和高效装配新体系等,具有更优越的抗震性能,在国内外首创突破竖向构件焊接瓶颈,实现模块化构件工厂加工制作、螺栓连接快速装配,无现场施工污染,结构可拆卸、异地再建,是全寿命周期绿色建筑。主编了《多高层建筑全螺栓连接装配式钢结构技术标准》,研究成果成功应用于北京市重点工程——首都师范大学附中教学楼等一批装配式高层钢结构典型示范工程。

我的研究成果得到国际同行的高度评价,2017年6月19日,在第14届国际断裂力学大会ICF开幕式上,希腊理论与应用力学学会(HSTAM)主席J. T. Katsikadelis授予我荣誉会员称号,这是对我在力学和工程科学取得成就的认可。

2017年,在14届国际断裂力学大会,我被授予荣誉会员称号

目前我正在负责国家自然科学基金重点项目"模块化全装配大跨度钢结构智能和工业化建造基础理论和关键技术研究"和科技部北京2022冬奥重大专项项目"北京冬奥会临时设施搭建与运维关键技术",面向智能建造创新研发外套筒交错法兰连接节点全装配环桁架、穿索式脊杆环撑索穹顶、预应力-高强螺栓连接节点、模块化装配式网壳半刚性销轴节点和结构体系等等。作为学生,传承王光远先生的为国育才之道、科技创新之道,永远在路上。

## 铭记恩师和师母的关爱和鼓励,永不懈怠

有一天,我到王老师家里汇报论文研究进展,在客厅墙上看见一幅画,是用朱砂画的红色竹子,题字"恭祝毛主席七十寿辰,叶恭绰"。我就问王老师:"叶恭绰是谁呀?这幅画有什么来历吗?"王老师说:"叶恭绰是你师母的伯父,他是个大家,早年追随孙中山,是交通总长,还是诗词书画名家,毛主席七十岁生日时在家里只请了几个人吃饭,其中就有叶恭绰,这幅画就是当时叶恭绰送给毛主席的,这张是仿制后送给家属的。"我查了一下资料:叶恭绰,近代著名书画家和诗人,字誉虎,号遐庵,1881 年 11 月 24 日出生。他是中国近现代史上极有影响力的人物,1923 年任陆海军大元帅大本营财政部部长;1927 年任南京国民政府铁道部部长;新中国成立后,先后任北京画院首任院长、中央文史馆副馆长。1962 年 12 月 26 日,是毛主席 69 岁生日,当作 70 岁(虚岁)生日过,这一天,毛泽东在菊香书屋备了便饭。毛主席只请了 4 位 80 岁以上的老人:章士钊、程潜、叶恭绰、王季范。

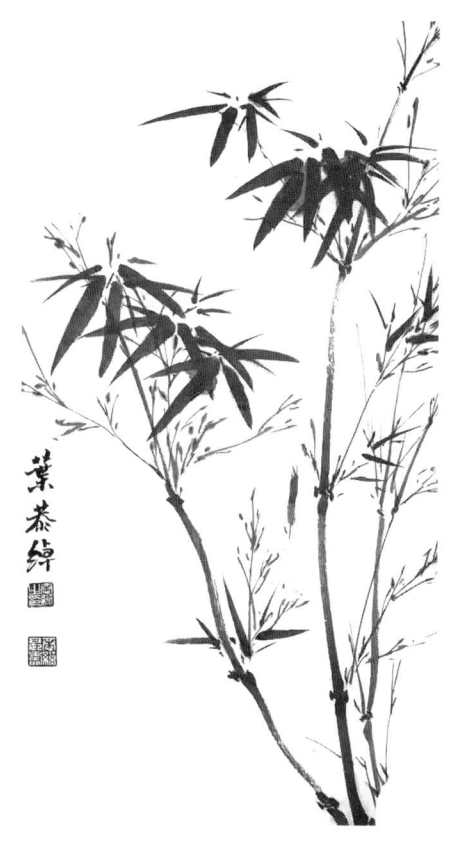

叶恭绰画竹

师母叶崇敏是大家闺秀,心灵手巧,多才多艺。1992 年元旦,学校开新年联欢会,事先邀请王老师夫妇出个跳舞的节目,王老师说,那就跳有难度的,从零开始学,跳探戈。老师和师母已 69 岁,晚会上,两人

默契的配合、优美的舞姿获得满堂喝彩,大家都不知道,师母的裙子是自己缝制的。师母曾写了一首小诗《我心中的歌——献给光远》:"你像一棵树,经历着风暴和雨露,但依然不断成长,坚定着明天的希望。我像一根藤,攀缘在你的身旁,送给你滋润和清凉,陪伴你欢乐与悲伤……"

2003年5月4日,在王老师家祝贺老师八十寿辰

1994年12月7日,我和乔忠通过了博士学位论文答辩。办理完毕业手续,要离开哈尔滨前一天,我们给王老师打电话,说请老师和师母到饭店吃饭,答谢恩师。王老师说:"你们要离开了,更不能到外面吃饭,明晚你们两个到家里来,你师母做两个菜,咱们在家里吃。""到家里来,在家里吃",王老师和师母真把我们当他们自己的孩子,多亲近的话语呀!多亲切的关怀!27日晚,71岁的师母精心拌了一些凉菜,做了红烧鸡翅,她用筷子给我和乔忠每人夹了一个鸡翅,说:"祝你们展翅高飞,鹏程万里!"恩师期待的目光,师母祝福的话语,这场景定格在我的脑海,永不磨灭,时常像电影一样浮现在眼前,激励我前行,永不懈怠。

# 我们的父亲王光远①

——王孟平

我们的父亲王光远，从事教育工作六十余年，毕生没有离开过学校、讲台和科研工作。几十年来，培养了一大批优秀青年教师和科研骨干，先后出版了十几本工程力学专著。他一心扑在教育事业上，几十年如一日，没有节假日和休息日，每天工作十几个小时。他在教育和科研工作上，取得了瞩目的重要成就。他在家庭生活中身体力行，用做人做事的方式，潜移默化地影响和教育着我们，我们三姐妹受父亲影响，在人生道路上，在各自平凡的工作岗位上，努力勤奋工作，贡献着自己的才智与力量。

我们的父亲对教学和科研的严谨态度，真让人佩服。他的聪明才智和学术成就，是他长期刻苦学习和努力奋斗的结果。记得我10岁左右时，妈妈经常对我们说："你爸爸昨天夜里又突然起床，伏案工作，因为他在睡梦中，想起某一道难题的公式推导，有了新的理论结果，某一科研项目找到新突破。于是他立刻写到纸上，等第二天醒来，再仔细验证。"父亲刻苦、勤奋和对教学的专注精神，教育了他的学生，也影响了我们三姐妹。

我们的父亲有坚强的意志品格，身处逆境，不忘为国家为企业解决技术难题。"文化大革命"开始后，他受到政治冲击。1970年被下放到黑龙江省双城县农村插队，接受再教育。记得父亲搬家那天，我去帮忙。他去井台边挑水，却引来众多农民围观。他们听说城里来了一个教授，看他会挑水吗？哈！父亲是研究力学的，支点和平衡的关

---

① 本文由王光远院士大女儿王孟华、二女儿王孟平、三女儿王孟玫共同回忆，由二女儿王孟平执笔。本文撰写于2022年。——编者

系他清楚,他稳稳地把一担水挑回家。农民们竖起大拇指说:"这样的教授还真行!"

就这样,父亲白天和农民一起刨土种地,晚上只能点灯看看报纸,过着十分艰苦的生活。到了1971年,突然有两个人从辽宁省来找父亲。他们是辽宁某石油机械厂的干部,说厂里五年前新建了一个大厂房,由于大型设备搬进去后,产生强烈的振动,担心厂房主体结构无法承受,直到现在还未能投产。后经过黑龙江建委同志介绍,说可以找哈尔滨建筑工程学院的王光远,也许他能解决厂房振动问题。父亲听到这个情况后没有犹豫,就答应随他们去辽宁实地考察。经过对厂房的结构设计和相关数据的理论计算,只用了几天时间,就做出"大厂房可以使用"的结论。他帮助企业解决了难题,使停滞几年的厂房可以正常生产了。然后,父亲又回到农村,继续种地,接受教育。

我们的父亲在下放农村期间,始终没有放弃信念。他常说:"我们这么大的国家,没有科学技术的发展,没有培养优秀科技人才的学校,这怎么能行呢?"父亲始终相信,总有一天学校会开学,他会重新站在学校的讲台上,会有很多学生听他讲课。记得1972年夏天,国家开始落实知识分子政策,父亲也从农村回到哈尔滨家里。搬家那天,行李刚放下,父亲一头钻到床底下,翻找久违的书籍。当他吃力地找到一本俄文版专业书时,竟凝神屏气地看了三个多小时,突然十分兴奋地大喊:"我现在还能不查字典,从头至尾看完这本俄文书,说明我还有用,还能教书啊!"这就是一个有信念的知识分子的强烈心声!

1978年,祖国迎来科学的春天,在北京召开了全国科学大会,备受鼓舞的父亲,充满了信心和期待。全国各高等学校恢复了研究生招生制度。父亲想,"文化大革命"耽误了十二年的时间,他一定要把耽误的时间找回来。于是,他大胆提出一次招12个研究生的想法。这在当时条件下,要拿出12个相应的研究课题,并要培养出高质量的研究生,是很不容易的,我们的父亲做到了。他从1978年至离休,共培养了上百名硕士、博士研究生,为全国各高校和设计研究单位输送了大量优秀人才。

我们的父亲为培养学生,为学校的建设和发展,呕心沥血、忘我工作,他心里只装着教书育人的心愿。记得二十世纪八十年代初,黑龙江组织部的工作人员找我父亲谈话,请他担任黑龙江省科学院院长职务。父亲回答很明确,让我去可以,但我每星期只能到那里上一天班,其他时间我还要搞教学带研究生,从而婉言谢绝了这个工作。还有一次,北京某研究院提出要调我父亲去北京工作,并答应解决四个人的北京户口。这么优厚的条件,父亲没有动摇,他没有离开哈尔滨建筑工程学院,没有离开他的学生和讲台。另外,青岛一所大学想请他做兼职教授,父亲说:"我一个人不能分心到两个单位工作,这样可能两个单位的工作都做不好,我要对学生和学校负责任,我只能一心一意地在哈建工工作。"父亲再次拒绝了邀请,他把自己的学校当成家,把自己的学生当成亲人。

我们的父亲,虽然在教育和科研上,为国家做出重要贡献,但他从未向组织上提出过任何要求。1968年,轰轰烈烈的知识青年上山下乡运动开始了。大姐六八届高中毕业,我六七届初中毕业,三妹刚小学四年级。我们的母亲长年有病在身,如果两个女儿同时下乡,家里没人照顾母亲。父亲说:"咱们要顾全国家大局,响应号召到农村去吧,家里的困难我们能解决。"大姐和我都去了黑龙江生产建设兵团,当了兵团战士。大姐在连队的艰苦条件下生活了十一年,并且结婚生子生女,直到1979年可以接母亲班,才回到哈尔滨。我下乡不久,因参加连队的一次扑灭山火行动,光荣负伤,双手落下严重的瘢痕。在那个特殊时期,因家庭出身而受到歧视,连队只能安排我种菜和到大田劳动,我承受着繁重的体力劳动和精神压抑。五年的农村生活,锻炼了我战胜一切困难的能力,也让我树立了坚定信心。

我们的父亲常对我们说:"人在逆境困难时,不要自我放弃,不要自卑,一定要有理想和目标。要不放弃文化知识的学习,要在工作中掌握一技之长。一个人如果有了一技之长,就能服务社会,就能改变命运,就能在社会中有立足之本。"

大姐 1979 年回到哈尔滨,接母亲的班进入哈尔滨工业大学,被分到校印刷厂当工人。她看到许多同一批接班的其他教师子女都分到好单位,可按考试成绩,她是这批人成绩最好的。这时父亲说:"在你的工作问题上,我不会去找任何人帮忙。不论你做什么工作,只要自身努力,事在人为,总会有好前程的。"父亲的话女儿记住了,并且在厂里踏踏实实工作,从校对工到打字员,从只会打中文到熟练打英文,因效率高、准确率高,多次受到领导好评。一年之后机会来了,哈工大经省教委批准要办一个中专财会班,并在学校内部人员中招生,按考试成绩择优录取。大姐凭借自己扎实的文化课基础,以第一名的成绩被财会班录取。两年学习期满,又以全班最好成绩毕业。大姐的才华被哈工大财务处处长看到,她成为财会班唯一被选入财务处工作的学员。在财务处工作必须认真,要一切坚持原则,要为哈工大的发展严把财务关,她做到了,并且边工作边学习财会的大学课程,取得了高级会计师职称。由于她工作努力,业务水平高,得到财务处领导和同事们的信任,并以无记名投票方式,被选为财务处主管业务的副处长,一直工作到退休。

我 1973 年经考试和群众推荐,从兵团来到大庆石油钻采学校读书,学习油田采油和地质专业,毕业后留在大庆油田工作。先后在厂里后勤部门和厂技工学校当老师。1983 年,随着大庆油田的开发建设,急需一批会审核建筑工程预、结算的专业人员。我主动报名参加培训,从认识建筑施工图开始,到熟练掌握工程量计算方法,学习国家各项政策和法规,合理执行预算定额,只用了一年的时间,我就能独立上岗工作。我努力认真工作,刻苦学习,并且边工作边学习工程造价大专课程。1998 年通过了国家首批造价工程师考试、认证和注册。我在工程造价的执业岗位上工作了二十七年,审核的工程结算未出过任何差错,有效控制和减少国家工程建设投资达上亿元,成为大庆油田信得过的造价工程师。

三妹,"文化大革命"时只读到小学四年级,因为在家待业多年,情绪低落,时常怨声载道。直到1975年才进了一家刺绣厂当工人。当她看到身边的同学因父母有办法,陆续到好单位上班,心情更加悲观,看不到自己的前途。这时父母看到三妹整天无所事事,就鼓励她自学文化课。父亲说:"学到的知识就是你的,没学到的知识永远是别人的,有知识有技术的人,早晚会是国家需要的人才。"三妹接受父母的意见,开始白天上班,晚上到夜校上课,坚持了近两年,补习了数学、物理、英文等课程。在学习中,她增强了勇气,有了方向,找到了快乐,因此她的学习成绩在夜校班里名列前茅。她在夜校的学习中,打下了一定的文化基础。1977年,国家要恢复高考,让优秀青年能进入大学深造。机会来了,能否抓住,改变人生而实现理想?三妹经过刻苦努力,顺利考上哈尔滨建筑工程学院力学师资班,成为一名大学生。大学毕业后,又攻读硕士学位。她完成了从一个大集体工人到大学教师的转变,实现了人生的理想。

我们的父亲,1957年被评为副教授至1994年被评选为中国工程院院士,国家给了他很高的待遇。他自己对教学和科研有着很高的要求标准,但对自己的生活却是很低的标准。在我们的印象中,他有一件皮夹克穿了十几年,已经不御寒了,也不说换一件。一件毛衣也能穿好多年,袖子磨破了,就让我们给他缝一下,说还能穿。他对孩子们要求也是很严格的。1965年大姐要考高中了,按她的成绩,可以报考哈尔滨最好的学校——第三中学,可父亲让她报考省重点中学即哈尔滨第六中学,因为这个学校可以住校。父亲说:"住校可以培养你独立生活的能力,将来离开父母到社会上工作,能很快适应各种环境。"为了让孩子懂得不能靠父母一辈子,更不能养成乱花钱的习惯,父亲给大姐住校生活费时,竟细致地算到一个月坐几次公交车需要多少乘车费,女孩子卫生用品及其他花费等,每个月只给她零用钱2元,这么"抠"的父亲还真不多见。可是我们的父亲非常关心他的学生,他不仅教书育人,还经常把自己的工资省下来,资助生活有困难的学生,从不要求学生的回报。

我们的父亲,就是这样一位受人尊敬的长者,他是一位严父,又是一位宽厚待人的好父亲。

# 我与哥哥

——王光咸[1]

我从五岁到大学毕业都是在哥哥的身边度过的。而从我五岁到我四十岁,我跟我父亲总共只有不超过半个月的接触。哥哥对于我来说是兄长,是父亲,是老师,还是至亲。我爱他,崇敬他。就像在哥嫂钻石婚庆典上我说的:"哥哥崇尚科学,追求真理,一身正气,桃李天下,堪为人师;他以才安身,以德立命,事业恢宏,惠及众生,堪为人范。他用爱培育了我们的爱,用敬业的表率成就了我们后来者的事业。"

## 长兄比父

我是比哥哥王光远小 20 岁的妹妹王光咸。我出生于 1944 年,那正是抗日战争时期,人民的生活苦不堪言。大姐无奈做了童养媳;为了能学点知识,在环境恶劣的难童教养院里,二姐患了严重的眼疾,三姐一个眼睛则完全失明;三姐下面两男一女都未能活下来。只有哥哥在免学费的西北农学院上学。

我们全家从河南逃难到陕西咸阳,父亲失业并且患病。一大家子朝不保夕靠什么活呀!我偏偏在这时候来到这悲惨的世界。母亲已经 42 岁了,没有奶,只有面糊糊,家里已有三个女孩了,父母要把我送给别人,被我奶奶骂为"克死弟弟妹妹"的三姐(时年 12 岁)用"绝食"抗议,妈妈也为将失去我这个幺女伤心难过。哥哥听说后,说:"我还有一年就毕业了,我来供养她。"最后大家决定,无论多难,一家人在一起吧。为了他的承诺,我五岁就跟着妈妈到哥哥家生活,一直到大学

---

[1] 王光咸,1944 年生,王光远的四妹,曾任河南省实验中学教学校长、郑州国华学校校长。本文撰写于 2022 年。——编者

毕业。

1949年，我和妈妈到天津大学跟哥嫂一起生活。1950年，天津大学派哥哥去哈尔滨工业大学学俄语，很快又成为苏联专家的研究生。经过天津大学、哈工大、中国人民解放军军事工程学院在高教部协商后，哥哥留在哈工大。1954年，我们举家搬往哈尔滨定居了。

我初中开始学习俄语，逐步与三个苏联小朋友建立了联系。初期我写中文，哥哥抽空给我翻译成俄文。哥哥那么忙却不厌其烦地帮助我，暖暖的兄妹情啊！好在半年后我开始自己用俄文写信，然后让哥哥改改。

我十三岁时父亲被错划为"右派"，我害怕极了，怎么家里会有"敌人"呢？哥哥坚定地告诉我："只要你自己做个好孩子，一切都会好的。"这也是"文化大革命"期间他被残酷迫害时，用以支撑自己的信念吧！

我们姐妹与哥哥合影纪念

哥哥最大,他有我们四个妹妹,他是我们的主心骨。2007年,身患两种癌症的二姐病危了,她想见见哥哥。新中国成立前二姐和三姐在难童教养院里患了极其严重的眼疾,是哥哥把她们救了出来。虽然三姐的一只眼睛最终还是失明了,但是二姐的眼睛保住了。那时哥哥八十四岁了,双目黄斑变性,只有光感,况且哈尔滨离郑州那么远,我们都很担心。然而哥哥知道后,马上让他的女儿陪着他来郑州。

是哥哥的到来给了病危的二姐神奇的力量,她不仅从病床上起来了,而且去新郑拜了轩辕黄帝。那是我们兄妹团聚的最后一次。仅仅一个月后二姐就去世了,她是微笑着走的,因为哥哥代替了去世多年的父母,给了她温馨的亲情。

## 在哈尔滨师范学院毕业生家长会上的表态

高中毕业时,我是哈尔滨师范学院附属中学毕业成绩为全5分的两名学生之一。但是,出身地主,父亲是"右派"的"先天不足"压得我喘不过气来。如何报考大学?1961年是成分论最严重的时候。又是哥哥给我分析:"你是师院附中毕业的,肯定录取时师院会有所照顾的,何况女孩子当老师是很不错的工作。"没有哥哥的慎重考虑,那年我有可能落榜的。虽然我因为出身问题自卑,害怕讲话,我还是当了老师。而且后面的经历,也说明了选择的正确。一直以来,我很少见到父亲,长兄如父,哥哥是我的天。

1965年,我从哈尔滨师范学院数学系毕业。我们学校为了配合做毕业生的思想工作,排演了大型话剧《年青一代》(与同期的电影同名),其主题就是:毕业后到边疆去,到艰苦的地方去,到祖国最需要的地方去!我被选中饰演女主角夏倩如。我们演出了十余次,在学校引起轰动效应,后来还在黑龙江省第四届党代会上演出。毕业生积极踊跃响应党的号召,服从分配。我们话剧团团长就跟同学们到新疆生产建设兵团当老师。我自己更是决心做名副其实的夏倩如。

在毕业生家长会上,哥哥应邀做了大会发言。他对比他的坎坷求学路,讲了党和政府给青年人创造了优越的学习环境,年轻人学成后要报效国家。他最后表态:"我的妹妹今年毕业,虽然我们的母亲已经六十多了,舍不得最小的女儿离开,但是已经做通了母亲的工作。坚决支持妹妹把祖国的需要当作自己的志愿!"

虽然多数哈尔滨的学生留在本市了,但是我愉快地奔赴边城佳木斯。

"文化大革命"结束后,哈尔滨的大学也缺老师,我的一个同班同学就调到了哈尔滨工业大学。我在大学期间的成绩是名列前茅的,但是哥哥并没有给我开这个后门。我的一个亲戚考上哈尔滨建筑大学,后来因为身体不好,学习有问题,就辍学了,没有得到毕业证。虽然是亲戚,哥哥也没有去说情。他的原则性很强。

## 学生眼里的先生

我在河南省实验中学任教学校长,退休前一直跟班教数学课。学生李芦钰品学兼优,获一等奖学金,并多次在省级数学竞赛及化学竞赛中获一等奖。我把他介绍给哥哥后,获得哥哥的认同和指导,李芦钰在高考时以哈尔滨建筑大学第一名的成绩被录取了。哥哥常常鼓励他、关心他,对如何选择研究方向给他建议。李芦钰本科四年成绩都在年级前几名,并多次获得各类奖学金,最终以总分第一获得了哈尔滨工业大学的保送资格。

在哥哥的建议下,李芦钰跟随哥哥的门生欧进萍院士硕博连读。其间因研究工作出色受到美国休斯敦大学邀请进行为期一年的交流访问及一年的交流研究工作,并发表多篇高水平论文,直接特聘为大连理工大学副教授,主持了多项国家级项目,获得了国家科技进步奖二等奖。现为博士生导师,兼任智能结构系统研究所所长。

李芦钰说师生称王院士为"大牛""大师""大先生"。院士渊博的学识、睿智的思路、科学的分析、严谨求实的作风都让我们由衷地钦佩。

李芦钰在一篇文章里写道:"我特别感到震撼的是二十世纪九十年代,王院士应用新的数学工具——模糊随机振动理论,研究地震荷载和风荷载的计算理论,取得了国际领先的优秀成果,获国家教委科学技术进步一等奖。启迪我学以致用的真谛,启迪我用空间开发、高性能材料、环境工程、新的计算理论、新能源多极化等多学科方法去诠释、研究、创新土木工程领域。"

## 在河南省实验中学演讲

1996年,哥哥到郑州出差,这是一个多么好的机会呀！省实验中学张顺芳校长和我决定请他给高中学生做一个没有主题的报告。下面是我校历史老师侯志扬写下的文字。

### 聆听院士报告有感

那是一个初秋的上午,笔者有幸在大礼堂聆听中国工程院院士王光远先生字字珠玑的精彩报告。听时,像甘露洒水,醍醐灌顶;听后,又余音绕梁,大彻大悟。

比如,他强调一个人从小就要立志时说"有志者事竟成",否则缺乏远大理想,随波逐流蹉跎岁月,必然一事无成。他结合自己的经历,说他的立志是受到五四运动时的一首歌曲的激励：

中国男儿,中国男儿,要将只手撑天空！长江大河,亚洲之东,巍峨昆仑,古今多少奇丈夫！碎首黄尘,燕然勒功,至今热血犹殷红！

再比如,他强调任何人对自己都要树立信心,就像李白浪漫主义者那样,"天生我材必有用,千金散尽还复来"。哲学家认为,像五个手指不一般长那样,任何事物的发展都是不平衡的。每个人的智力也是这样。除了病态的人以外,世界上你找不到一个没有智力的人。不同的是每个人的智力侧重点不一样。通俗点说,每个人都有自己的"聪明点"(即擅长点)。教育理论家做过实验:在马路上找一百个行人,相对来讲,里面有跑得快的,有书法好的,有会画画的,有会乐器的,有数理化好的,有情商高的,有擅长交际的,有内向的,学校里的一个教学班不也是这样的吗?

不要小瞧自己。走出学校门,走进社会,步入生活之后,都会建立自己的一个独立王国。你就是"国王"!

哲学家认为,表面相反、实质是同一的事物多了去了。自大与自卑的实质都是没有正确地认识自己。坊间不是有这样的说法嘛:一个人的事业有成,百分之八十取决于情商。

树立信心,不要攀比,扬长避短,趋利远害,自己活自己的。

1996年,王光远为河南省实验中学师生做报告

他还强调中学生尽量不要偏科,要打好基础。他举了爱因斯坦发明相对论的例子。爱因斯坦有个很好的习惯:每一个周末都要搞一搞派对,邀请各个学术领域内的顶尖人物,到他寓所喝喝咖啡或红酒,吃点果品冷食,其间天南海北地大摆龙门阵。他躺在安乐椅上,眯着双眼,边摇边听。一次一位雕塑大师谈到他创作程序时触动了爱因斯坦

的神经,他的灵感来了,"啊"的一声,跑到书房。相对论就是在这样的情况下被发现的。

为什么会是这样的呢?世界上的所有学科都是相通的、有联系的、统一的整体。中国古代的易经、道家就发现了"九九归一"的现象。客观世界的所有事物都不是孤立的,城门失火,殃及池鱼。那位雕塑家说者无心,但与爱因斯坦脑海中储存的很多固有信息发生碰撞,就会产生耀眼的火花。通过联想、对比、筛选等大脑功能的加工制作,就会产生崭新的成果来。"举一隅而知三隅反"不就是这个意思吗?

中学教材都是最基础的知识,万不可顾此失彼,过早偏科!

哥哥做完报告,经久不息的热烈掌声,让他几次站起来,向同学和老师致意。意犹未尽的学生,上台排队要求他签名。会后,在班会上,同学们踊跃谈感想。有的学生表示:"院士青少年时期艰难坎坷的求学路,他十三岁就离家到外地上学,曾在山坡挖洞在里面学习,让我们倍加感恩国家给我们青年一代创造的优越条件,珍惜时代赋予我们的良好契机。"有的同学说:"'梅花香自苦寒来',我们一定要如饥似渴地学习,将来才能更好地报效祖国。"还有的同学说:"院士青少年时期就树立了'科学救国''教育救国'的崇高理想,所以学成以后才能做出大的贡献。我们也要树雄心、立壮志,做个对国家有用的人才。"

## 知识改变命运　教育成就未来

2000年,我该退休了。我们学校是省教育厅直属学校,厅长找我谈话,希望我能再干一届(四年),我委婉地拒绝了,因为我想为年轻人让路。

我很喜欢学生,喜欢教书育人的工作,学生也喜欢我。在任教学校长的十几年中,我一直带高中一个班的数学课(从高一到高三),直到退休离校。我是当时为数不多的特级教师,数学奥林匹克竞赛的高级教练。况且,我的身体还可以,还可以为教育事业发挥余热。这时,郑州国华学校聘请我去任教。郑州国华学校是复读学校,复读学校是未能被大学录取的学生,再学习一年的学校。我欣然同意了。

我在国华干了十年,教两个班的课,第二年任学校名誉校长。这个学校的学生不少来自农村,还有立志上清华、北大或重点院校的学生,多数决心再战高考准备鲤鱼跃龙门的,当然也有被家长逼着来的。怎么样鼓励学生们,让他们发挥最大潜力,实现自己的人生价值呢?我想到了哥哥。

2003年,哥哥已经将近八十岁了,黄斑变性使他的眼睛基本失明,仅有光感。听到我想让他给学生们写个小条幅,鼓励他们努力学习时,哥哥高兴地答应了,嘱咐我们看好他,别让他把字写歪了。哥哥摸摸索索地写了几张才停当。他写的是"教育成就未来 与国华师生共勉"。

2003年,王光远为郑州国华学校题词

哥哥的题词"教育成就未来"在郑州国华学校公布后,引起了轰动。各班的班会精彩纷呈。有的班级以座谈会的形式漫谈题词的内涵及指导意义。有的班级请家长介绍就业形势的严峻性,以激发学生的忧患意识与危机感。有的班级请国华考上大学的校友,向学弟、学妹介绍经验和教训,鼓励他们:失之东隅,收之桑榆。刘校长发问:"为什么知识能改变命运,教育能成就未来呢?"学生答道:"因为知识就是力量。"学生梁勇感慨地说,题词让他联想到苏格拉底的箴言:意识到自己的不完美是成熟的标志。他决心破釜沉舟,改变命运!天道酬勤,他后来被北京大学录取。学生胡方方是从农村来的,比较自卑,家里又困难,中途要回家不读了。在题词的鼓励下,班主任和我各自每月资助他二百元钱,他终于考上了北京航空航天大学。学生董芝华联想到贾平凹的座右铭:生如蝼蚁,当有鸿鹄之志;命如纸薄,却有不屈之心。她拼到了中国计量学院(现中国计量大学)。不一一列举了。

郑州国华学校有了很大的发展。一届学生达到三十多个班,并在武汉和石家庄办了分校。

**捐资助学**

我们的外祖父是民国时期公派留学日本的人士,父亲在新中国成立前曾任温县教育局局长,新中国成立后在汝南师范学校教书,我们家是传统的教育世家。父亲被错划"右派"后,回到老家,在南韩村小学教书,平反后回汝南师范学校教书,退休后帮助温县写县志。他对南韩村小学很有感情。他临终时在病床上没有在意汝南师范领导对他宣布的"组织上研究决定,你享受离休待遇",而是气喘吁吁地叮嘱我们:"我积蓄很少,只有五百元,你们再拿出些钱,作为南韩村小学的教育经费,为家乡的教育做点贡献。"哥哥和我们姐妹含泪答应。

我们姐妹响应哥哥提议,成立了"王少苍教育基金"。当然哥哥拿大头,我们姐妹三人也每人拿一两万(那时我的工资是一百多一点),为学生提供奖学金、助学金。后来村委会提议,把剩余资金用来给南韩村小学建新校舍。我向河南省实验中学校长请示,把学校电脑升级后的386计算机及复印机还有速印机一并赠送给南韩村小学。南韩村小学有了微机室,当年还真引起了轰动效应,附近村里的小学生有些转学到南韩村小学。

新校舍建成后,学校请我和姐姐参加庆祝会。会上县领导和小学领导都发了言,我也代表哥哥、姐姐做了发言。大会最后,由领导给哥哥的雕塑揭幕。

南韩村小学微机室和王光远雕塑

给哥哥塑像的事,是村领导及村民一致同意了的。他们认为,让孩子们从小立志,向王院士学习,努力学习,将来做个对国家、对人民有贡献的人。

# 师生+翁婿

## ——季天健①

在我近70周岁时回想总结自己以往的经历,感到自己的生命中有幸遇到几位贵人,他们给我提供了进步和发展的平台,改变了我的人生。其中第一位,也是最重要的一位,就是王光远老师。在1978年10月,我幸运地从黑龙江省爱辉县的黑河地区建筑设计室考入哈尔滨建筑工程学院(哈建工),攻读王老师的结构力学硕士。通过这三年多的学习,获得了硕士学位。这不仅使自己具备了基本的学习和研究的能力,而且为自己以后的发展奠定了良好的基础。

我曾于1973年9月至1976年9月在哈建工工民建专业学习,王光远老师曾在1974至1975年间教我们力学,主要是材料力学。1978年10月至1981年12月,在哈建工读王老师的结构力学硕士期间,我与同时期在读工程力学本科的王老师的三女儿王孟玫相识相恋,并在1982年成婚。自从我1986年10月去英国之后,我和王老师主要是家人生活方面的交往。让回忆从20世纪70年代开始。

### 1974年9月至1975年6月

在爱辉县西岗子公社插队落户三年四个月后,我幸运地在1973年9月进入哈建工工民建专业学习。那年工民建专业约有90名学生,分成三个班,我在二班。入学一年后,我们有力学课的课程安排,没有想到的是我们三个班的力学课由王光远老师来教授。大家为此

---

① 季天健:英国结构工程师学会注册(特许)工程师(CEng MIStructE RA),英国UMIST结构工程高级讲师。1953年6月出生于上海。1976年毕业于哈尔滨建筑工程学院,然后在设计院从事设计工作,1978年师从于王光远教授,在哈尔滨建筑工程学院攻读硕士学位。本文撰写于2022年。——编者

都非常高兴,也很期盼王老师来教我们。那时我们听说王光远老师在"文化大革命"前就是副教授,很有成就。因为走"白专"道路在"文化大革命"中受到批斗,随后下乡劳动。为了便于班级与老师间的沟通,我被班里委派为"力学课代表"。此后,我就有机会当面聆听王老师的指教。王老师曾经说过"尽信书不如无书",但是自己那时知识浅薄,许多知识都是从书中学到的,还不能很好地体会这意思。许多年以后自己也从事教学和研究工作了,也是自觉不自觉地实践着老师说的话,不受书本和文章的束缚,才能产生出创新的或更好的工作成果。那时觉得自己非常幸运,能够遇上王老师,还能和王老师说话。自己净是仰慕的姿态,而王老师却是平易近人。在哈尔滨建筑工程学院学习三年后,按照当时"哪来哪去"的分配政策,我又回到爱辉县了,到当时位于黑河镇的黑河地区建筑设计室工作。

## 1978年10月至1981年12月

1977年底中国恢复了高考制度,1978年恢复了招考研究生。我非常有幸地成为王光远老师结构力学的硕士生。当时王老师招了12名硕士生,我是其中年龄最小的,也是其中基础最差的一位。到了学校后和大家一样,都是如饥似渴地学习。王老师亲自给我们12名研究生上课,特别是给我们讲述分析动力学。他的讲稿由人民教育出版社在1981年出版,书名为《应用分析动力学》。王老师特别强调概念要清楚、完整、准确。例如给我们介绍了他的老师孟昭礼教授关于功的定义和王老师自己关于虚功原理的见解。这种影响是潜移默化的。没想到的是在工作许多年以后,结合自己在英国大学的教学和科研,我还专门研究结构概念的直觉化表达和创新性应用,并写了两本书在英国出版。这两本书由哈尔滨工业大学武岳老师等翻译成中文,后来也在国内出版了,中文书名分别为《感知结构概念》(高等教育出版社,2009年)和《结构概念:感知与应用(第二版)》(高等教育出版社,2018年)。

自从1979年底开始与王老师的三女儿交往后,自然跟王老师接触就更多了一些,也更生活化了一些。在研究生后期,12位硕士生都给王老师交了硕士论文的草稿,让王老师过目审阅。王老师很忙,这些草稿也需要逐个地看完,作为学生都会比较着急,希望早日能够得到反馈意见,王老师将我的草稿放在最后一个去审读。可见王老师把我看成了家人,可能习惯于学生在先,家人在后。1981年底,硕士毕业后我被分配到了中国建筑科学研究院结构所工作。1984年,因为妻子更喜欢和适合在大学教书,我们俩又重返母校任教。1986年,我考取了一年公派出国进修的机会,本校有四名有硕士学位的教师考取了资格,当时四个名额分别是一个美国,两个加拿大,一个英国或澳大利亚,大家都想去美国,其次是加拿大。因为听同事私下里议论一个美国的名额肯定会给王光远的女婿,我不想影响岳父,也不想为难决定分配名额的领导,就主动提出了去英国。

### 1986年5月至1989年6月

我在英国伦敦城市大学土木系做了一年访问学者之后,1987年11月受聘于英国伯明翰大学土木系做研究员,从事焊接钢板温度场的研究。虽然这对我来说是一个全新的课题,但之前的硕士生训练和在北京建筑科学研究院从事悬索结构非线性分析的经历给了我挑战新问题的信心。这项研究工作也在日后构成了我的博士论文。1988年8月,妻子王孟玫和儿子季思达来到伯明翰与

1989年,在伯明翰大学校园合影(左1为季天健,左3为王光远老师)

我团聚。1989年5月我们邀请岳父岳母到我们伯明翰的家小住。我帮助联系安排了王老师在这期间的学术活动,去了我所在的伯明翰大学土木系和利物浦大学土木系访问。在伯明翰大学校园里拍摄的照片,背景的钟楼是伯明翰大学的标志。土木系从事力学方面研究的三位老师一起与王老师见面了,介绍交流了各自的研究工作。在利物浦大学土木系接待王老师的是Templeman教授,当时他是一国际结构优化杂志的主编,也曾经到哈建工访问过,认识王老师。

1989年,全家在格林尼治子午线合影(一脚左半球一脚右半球)

1989年,全家在利物浦的合影

## 1995年8月至1995年10月

在结束伯明翰大学近三年的研究工作并递交了博士论文后,我在1990年10月受聘于英国建筑科学研究院(Building Research Establishment),从事结构振动方面的研究。这是当时英国环境部所属的、英国最大的关于建筑科学的研究单位。该研究院位于伦敦北郊的卫星城沃特福德(Watford)。

我岳父岳母于1995年8月再次来到我们家与我们一起度过许多美好的时光。英国的夏天天气非常好,阳光明媚,蓝天白云,气温适中,我们一家人去了许多地方,如伦敦、温莎、剑桥、牛津、布莱顿等地。

王老师在剑桥大学参观了三一学院的名人堂并留影,里面有许多曾在三一学院学习过的伟人的雕像。照片中,位于王老师旁边的雕像一个是哲学家弗兰西斯·培根,另一个是数学家艾萨克·巴罗,牛顿的雕像也在展厅中。当一位知名教授瞻仰世界伟人的雕像时,会怎么想呢?现在再次见到这些照片时,不禁感慨,由于许多伟大人物的贡献,才加速了世界和社会的进步。

1995年,王老师和我在布莱顿　　1995年,王老师夫妇和我在剑桥

1995年,王老师在剑桥大学三一学院的名人堂

王老师还参观了我当时的工作单位，包括位于卡丁顿的世界上最大的单体单层结构试验库。它原先是一个飞机库，在这里可以进行全尺寸的结构试验。王老师站在试验库前，感受了它的巨大尺寸并参观了试验库里长45米、宽21米、高33.5米的钢框架组合楼板的试验结构。其中钢柱和钢梁在火灾后产生了很大的塑性变形。这是一个典型的办公楼，有独立的第三方设计施工以真实地反映实际的结构。在这里进行了静力、动力和火灾的试验。这是一个欧洲共同体资助的项目，它的研究周期长、费用高，但是它的研究能够回答结构设计与使用中的一些重要问题，而这些问题是不能通过采用小比例的结构或全尺寸的局部所能解决的。

1995年，王老师在卡丁顿试验库前

1995年,王老师在观察结构在火灾后的变形

在此期间我和王老师讨论了人体在站立时的连续化模型。王老师阅读了我文章的草稿,并提出了具体的改进意见。关于人体站立时的模型都是离散化的,这是第一次建立了连续化的模型。它既可以是站立人体与单自由度模型之间的过渡,也可以更好地表征站立人体竖向振动的特征。

我从1996年3月开始就职于英国曼彻斯特大学,并获得永久教职,我们一家搬到了曼城附近的地方居住。我岳父岳母也计划到我们的新家小住,但是可惜在办理签证期间岳母被诊断出膀胱癌,并且做了手术。这之后由于他们年龄渐老,不宜长途旅行,所以没能再来英国团聚,这也成了我们家的遗憾。2020年之前,我们每年都会回国看望老人家。岳母在2019年95岁高龄离世,今年(2022年)王老师已经98岁了。我和王老师的师生情和翁婿情难得而宝贵!

附录：
王光远院士学术思想和科学家精神座谈会（摘录）

2023年8月,王光远院士学术思想和科学家精神座谈会与会人员合影

**韩杰才(哈尔滨工业大学校长,中国科学院院士):**

作为哈工大"八百壮士"的杰出代表,王光远院士心怀"科学救国、教育救国"的理想,扎根东北七十余载,是哈工大精神的传承者和践行者。

**在家国情怀、人才培养方面。** 作为哈工大老一代创始人的杰出代表,王院士为国家的建设事业,为哈工大的发展做出了很大的贡献。爱国奉献的精神在以王光远院士为代表的这一代人身上最能体现,王老师是我们哈工大文化传承的贡献者,也是我们哈工大"八百壮士精神"的典型贡献者。习近平总书记要求我们要立德树人,注重人才培养,今天来了这么多优秀的王老师的弟子,证明了王老师在人才培养方面,在教书育人方面都是"大先生",他的科学家品质值得一代代哈工大人学习。

**在科学研究方面。** 王老师创建的结构模糊随机优化理论、模糊随机振动理论、广义可靠性理论,包括我们今天讨论的工程大系统全局全寿命理论,都是以原创性引领性成果实现从0到1的突破,他瞄准前沿的精神值得我们学习。

我们要认真总结、凝练、传承王光远院士的精神品质、学术思想,学习和继承好的文化,好的精神,来激励我们新一代哈工大人改革创新。

**欧进萍(中国工程院院士):**

我是王老师的第一批博士研究生之一。我非常感恩,也有很深刻的感悟,所以这次回来看望王老师,并且想和大家一起交流和畅谈王老师的学术思想、科学家精神。王老师的学术思想中,土木工程的大系统全寿命优化是最具代表性的,我相信也是未来土木工程开发、发展的重要方向。

我稍稍回顾一下王老师的三个学术思想。

**抗震、抗风。**最重要的环节是用随机过程模拟地震作用,然后再模拟风振的动力作用。王老师最重要的学术基础是结构动力学,从结构动力学这个角度来看,抵抗灾害作用的能力是土木工程结构重大的挑战。土木工程在利用新材料、新结构的基础上,最主要的是注意两个方面:一个是像地震这样,结构破坏;第二个是邻近环境。除了结构以外,灾害作用也非常重要。

**从系统的角度考虑其工程安全。**这个理论提出得很早。因为土木工程比较多的是以单体工程项目进行结构的计算分析设计,但是从整体的角度来说,系统分析才是最重要的。系统什么地方薄弱就补什么地方,整个系统才能够经受住考验。理论发展到今天,其本质实际上就是大系统,一个是子系统自身的融合度会提高系统的安全性,另一个是子系统和子系统间,有害的关联隔离,有益的关联加强。王老师的学术思想不是终点,而恰好是新的起点,是未来重要的发展方向。

**全寿命优化**。全寿命优化设计是王老师提出的另外一个学术思想。我们以前只管经营，不太管运维，这与我们当时的经济条件有关系，也与科学技术发展的水平有关系。利用建造费用和灾害损失来考虑全寿命优化，是重要的一个学术思想，也是当时一个前沿的学术思想。课题跟着别人走，可能好走一些，但如果你能提前看到好几步，可能会比别人提前十年或者二十年。是"陡坡"还是"缓坡"，是他选择课题的科研思想。陡坡比较难创新，但机会也比较多，所以王老师的学术思想与创新是他自己在实践中悟出来的，我们也很受启发。我们现在讨论的从单体到系统，然后到了区域、城市，然后再到整体，都与王老师的创新思维密切相关。王老师在创新中感悟到了对应的整个学科的前沿，然后总结出能启发人的理论、先进的学术思想，这也是王老师很重要的贡献。

王老师对我们这些学生都非常有感情，他说学生的成长是老师的事业，学生好了，老师才是成功的，他和师母一直把我们这些学生当成自己的孩子看待。我记得王老师90岁生日的时候，我说过这样一句话，这也是王老师对他的老师和学生一贯做的：师生和谐友善，其乐融融！

**杜修力（中国工程院院士）：**

我是1994年的时候认识的王老师。非常感恩王老师对我的培养，我从事业起步到后续的发展，一直受到王老师的关心和栽培。我博士毕业时，王老师是答辩委员会的主席，然后我跟着王老师做了两年博士后，真正接触较多的是1994年"八五"攻关时，王老师当时做一个城市减灾重大项目，让我们去参加。那个时候人工智能还不叫智能系统，叫专家系统；一个重大的方向的形成，总是要通过不同方面的孕育过程、运营过程，才能逐步形成重大发展。那个时候王老师就开始了人工智能研究。

王老师很早就提出了大系统和全寿命的学术思想。土木工程当时一直研究的是单体抗震,王老师提出了大系统的概念,在当时的国际上应该都处于领先地位。王老师的观点是:局部可能是最优,但是整体不一定是。另外还有一个就是全寿命,大系统和全寿命都是从可靠度这个概念出发的。我当时做博士论文、博士后工作的时候,还没有考虑到这些,但是受王老师的影响,我把大系统、全寿命的概念运用到了后来我接触到的水利工程项目的大坝上。我记得当年我还对水利系统穿黄工程写过建议,就是从单体引申到系统,那个思想就是从王老师那里出来的。

**吴波(华南理工大学副校长):**

我是1988年入学的,王老师既是我的老师,也是我进入土木工程领域的引路人,我本科是在华科①,当时学的是力学,我们上的是金属热处理、金相学等课程,是偏机械的,所以土木是我跟着王老师硬学出来的。

在哈工大,硕士、博士我都是跟着王先生,所以我现在的学术思想或者学术精神都深受王老师的影响。我最大的感悟就是王老师做的东西都很新,大家可以想象一下,抗震、随机振动、优化、模糊随机振动,一直到后面的大系统、全寿命,哪一个概念不是在全国首次提出的?所以这个思想,对我们现在的科研选题,或者对我们教导学生,都影响非常深。例如我们现在搞的建筑节能或者资源化利用,实际上正是受大系统、全寿命这一思想的启发。我觉得这个会影响一代人,甚至多代人,今后我们会在这个思想的指引下继续前进。

王老师对我除了学术上的指引外,生活上也一直很关心,比如说我家里面的第一条地毯,就是王老师给的。还有工作中的一些事情,

---

① 当时叫华中工学院,后更名为华中科技大学。——编者

王老师也给予我很大的支持。记得当年沈阳市政府大楼要进行抗震加固,我们是用消能装置做抗震加固,国内第一个,大家都不太信任。但王老师很支持我们,高度赞扬了这种做法,最终我们得到了认可。这些对我当年的成长和在社会上的发展起了巨大的支撑作用,所以我非常感谢、感激王老师的关心。

**牛荻涛(西安建筑科技大学副校长):**

我是1986年来到哈工大读书,当时叫哈建工。我来哈建工比较曲折,正常情况下是来不了的。因为我是1983年毕业的,学的是结构力学,毕业以后到我们学校结构力学教研室,那时候毕业两年就可以考本校的研究生。但是1985年、1986年学校都没有招生,学校感觉不能让我再等了,就帮我选了几个有结构力学研究生专业的学校,这样就选到了王老师,来到了哈建工。我的硕士、博士学习都是王老师指导的,所以我在哈建工有5年多的时间,收获也很大,可以说是不仅影响了我的学术思想,也影响了我带学生的思想。当时我的体会还没那么深,经过这三十多年,自己开始做学术、做研究、带学生,体会越来越深。主要有以下三个感受:

**第一个:王老师确实是影响了一批人、培养了一批人,甚至可能不止是一代人。**

1986年我来的时候,西冶(西安冶金建筑学院)比哈建工学术研究历史要长,名气也相对不错。但西冶的结构力学从二十世纪八十年代末,研究一直停滞不前,发展速度很慢,与其他院校的差距越来越大,而哈建工的发展越来越好,这其中,王老师对哈建工、哈工大头部学科的发展发挥了很大的作用。所以跟着王老师的学习,影响了我这一代人甚至几代人。

**第二个:王老师说学科是阶梯式的发展。**

王老师曾说过,一定要抓住快爬坡、快突变时候的那个点。一个学科的发展,它是阶梯式、渐进的。它总有一段是缓慢发展的,当我们的素质和研究工具都跟上的时候,就会有跨越式的发展。

我回到我们单位以后,当时正好要做"八五"攻关的一个课题,服役结构可靠度分析。虽然我跟王老师学过可靠度分析,但和这个差别还是挺大的。抗震的动力可靠度是力学的分析,时变的可靠度很多涉及化学的变化分析。差别这么大,我为什么还接了下来? 就是因为当年王老师在学报上发表的一篇关于动态可靠度的文章,当时我想这好像是一回事,它们是阶梯和渐进的形式,我们最终也顺利完成这个项目。所以一路走来,我觉得只要准备好了,很多事情好像也没有像当初想象的那么艰难,甚至可以说是有点得心应手。这一点完全得益于当时学到的王老师的思维。

**第三个:培养人才时的"不拘一格"。**

在王老师招收的博士生里面,各个学科都有,土木、数学、物理,甚至机械、自动化、船舶等,所以我觉得王老师在招生培养这一块确实是不拘一格、很有想法的一个人。

在我现在这么多年的培养经验里,我认为培养模式的核心就是这个学生对前沿动态是不是很了解,是不是有思想,我觉得这个叫升级整合。王老师很早的这个思想,与现在的人才培养理念非常契合,但现在的模式比王老师的观念整整落后了十几年。

### 杨庆山(重庆大学土木工程学院院长):

我是1985年入学,1995年底毕业的,在这儿待了10年,跟王老师念书是1989—1992年。回想起来,王老师当时对我影响就非常大,而且深远。比如刚才大家说的学科交叉,我以为王老师的学术研究就没有学科的界限,根本没受到学科的限制和束缚。

我觉得勇于开拓,或者站在世界的前沿这个方面,确实是靠天赋的,有时想学可能不见得能学得来。大系统、全寿命当时算是人工智能领域,非常超前,王老师的这个学术思想几十年后成为主流,他的远见卓识,由此可以体现。

二十世纪八九十年代,是王老师学术成果的高产期,那个时候我们正跟着学习,是难得的机会。所以我们很好地传承了王老师的文脉,这对我们以后的工作也有着很好的指导。

**张爱林(北京建筑大学原校长、北京工业大学教授):**

王老师改变了我的命运。我本科是在大庆石油学院,学的是力学专业,然后又读了机械专业的硕士研究生,我的硕士生导师是哈工大毕业的,他上学时是王老师教的结构力学课程。

1983年,我来到哈建工,当时最重要的优化课程是由王老师和董明耀老师讲的,董老师主讲,当时那本书还没有出版,属于油印的,我们当时就知道了优化的重要性。当时有两个代表学派:一个是钱令希,大连理工大学,他们有强大的计算力学和软件开发能力;另一个就是王老师,王老师独树一帜,做别人不做的基础理论,如模糊优化、两相优化,包括后来的大系统优化等等,这些理论为后来的很多研究打下了基础。

然后就是王老师的思想,工作5年以后,我做了王老师的博士生,有一天到王老师家去,王老师说咱俩上外头走一走吧。就是这个走一走,他说了让我一生难忘的"尽信书则不如无书"这句话。

王老师说前人的理论在当时的历史条件和假设条件下,肯定都是对的,但随着时间的推移,条件变了以后,就不一定了。所以你要相信目前的理论,但不要百分百地信,否则你就没有发展和创新了。工程大系统全寿命优化理论,就特别不受过去那些条条框框的约束。举个例子,1987年在北方大厦,国家自然科学基金委员会开了一个工程理论研讨会,我也来参加了这个会议,当时最热的就是专家系统,王老师也支持专家系统,但是王老师独到见解地说了一句话,说你这个评定,各种外界因素引起的劣化,各种外界因素和科学的机制应该搞懂,否则怎么知道核心决策难在哪里?不确定信息没有搞明白,很多还是决策不了,主要还是信息的获得。今天我们的人工智能,包括我们现在要发展的智能建造等等,仍然是在找形,这些都在王老师当时的概念和框架里面。

我们作为学生,对王老师的学术思想理解还是不够的,我们要继续学习,继续研讨,要总结归纳,这对我们今后的学术发展有着重要的指导意义。

1994年12月我博士答辩完了,要离开哈尔滨了。我和乔忠一块毕业,我给王老师打电话,说我们后天就离开哈尔滨了,想请您和师母吃顿饭,我们订个饭店。王老师一口回绝,说不行,不能上外面吃去,要到家里来。27日晚上,师母做了几个菜,其中一个是红烧鸡翅,师母给我和乔忠每人夹了一块,说你们翅膀硬了,要远走高飞,祝你们鹏程万里!这句话和这幅图像永远留在了我们的脑海里。我们作为学生,弘扬恩师的学术思想,永远在路上。

**陆念力(哈建工引进的国外第一个博士后):**

我1978年到了哈建工就跟着王老师,听了王老师很多课程,主要是力学课程,我们这一届研究生都是王老师亲自教授的。1981年硕士毕业。当时我虽然在机械系,但是我整个学术方向是电力学,后来等到我硕士毕业的时候,领导要求我加强机械力学的学习,所以我又回到力学,最后到了王老师手下。

1983年我到了德国,因为国内的硕士学位不被认可,我到德国重新读了硕士。

1987年我突然接到王老师的邮件,他说我们现在要成立中国第一个博士后流动站,这个对学校意义重大。当时博士后建站有制度要求,需要有一个国外的博士生引进,他动员我和另一个博士回国。

王老师给我写信说,哪怕你先回来,进站一段时间把站建立起来,再继续到国外工作。当时我的护照、签证一切都是有效的,我就回来了。王老师非常高兴:"这个事情对我们太重要了!"所以我就跟欧进萍、陈树勋三人成了全国第一批博士后流动站的学生,后面就有了我们的队伍,杜修力、季天健等,就是我们看到的今天的这种局面。

在我和王老师的通信过程中,我后来发现有些信件是师母的笔迹,她问了很多生活当中的细节,对我的生活和工作都非常关心,还有对我回国之后一些安排。特别感谢师母!

希望有朝一日,我们能制造出全世界最高端的起重机,达到当年中国学术界的高端水平。

## 谭忆秋(哈工大威海校区校长):

我是一个特殊的存在:第一,我就像王老师的家人一样,一直在王老师身边读书,从本科到研究生;第二,我在王老师身边学到了很多,特别是王老师在育人方面,是他让我这样一个科研的门外汉,一步一步变成一个科研工作者。所以我想说的第一个方面就是王老师的育人。

我本科毕业后,留校做辅导员。看到王老师的学生都取得很好的成就,我很羡慕,所以当辅导员一年后,我就跟王老师说想做他的研究生。当时王老师没有表态,他给我认认真真地讲了一个故事,这个故事的名字叫《红舞鞋》。他说橱窗里有一双红舞鞋,一个小女孩很喜欢,每天都梦想拥有这双红舞鞋,后来终于梦想成真了,她穿上红舞鞋,在她的这个街区里不停地转。开始的时候小女孩很开心,但是转的时间长了,她已经把她所有的虚荣心都展示出来了,让大家都羡慕过了,她就想脱下这双鞋,但是红舞鞋还是带着她不停地转;她太累了,坚决要脱下红舞鞋,最后就是舍弃双腿才去掉了红舞鞋。王老师说,其实这双红舞鞋就是科研,在外人眼里,它是光鲜亮丽的美丽风景,但是当你真正接触之后,你就需要长期坚持,并克服很多困难。在这长期坚持的过程中,可能有你不喜欢的风险,你还要坚持吗?当时我真的很认真地考虑了半年,然后和王老师讲,我想坚持,于是就考了王老师的研究生。

我觉得这个故事对我人生很有启发,我的一些学生要考研究生的时候,我都要给他们讲《红舞鞋》的故事。

第二个就是学术方向,我那个时候是从复合材料专业进入到土木专业领域的,进来之后学什么做什么,我很迷茫。当时在跟王老师学他的工程软设计理论,王老师说你是搞道路工程的,你应该做时变可靠度的研究,因为作为结构而言,出了一个裂缝,它可能是失效的问题,但是对于道路而言,出现一个裂缝,它并未失效,它还可以用很长的时间,时变可靠度的研究对道路更适用。到现在,我从事道路工程已经三十多年了,道路的耐久性和安全性确实是最重要的研究方向,我觉得王老师真的是让我这个学术的新军逐渐培养出了自己的研究方向,我受益很多。

第三个是王老师的生活。因为在王老师身边学习的时间比较长,我总说王老师是一个胸怀广阔、格局大的大师。王老师不管是在土木工程领域还是在工程力学领域,都促进了这些学科的发展,也培养了很多优秀的人才,改变了我们这些学生的人生轨迹。王老师还把我们这些学生当家人,当自己的孩子,大家一起做饭,师母每天还给我们写诗。那个时候真是一个大家庭,其乐融融,所有的人在一起快快乐乐地学习和生活,所以我觉得正是因为有这样的好氛围,才有今天我们这么好的团聚力量,才有土木工程学科的大发展,才能为国家做出更多的贡献。这一切都是王老师带得好!

王老师当时经常说一句话:"水涨船高!"他说对待学生一定要举到你头顶上来培养,为什么?因为只有把他举到你头顶上,他才能发展得更好,作为老师才是最有成就的,"你看无论欧进萍走到哪儿,大家都会说我是欧进萍的老师,所以我也高了"。

**哈明虎(河北工程大学原党委书记):**

虽然我跟王老师只学习了两年时间,做了两年博士后,但是基本上每年都来看望王老师。王老师跟我说,做行政工作也是做团队,因为学校是做学术培养、人才培养和科学研究的,你做管理要像做学术一样,把学校工作管理好。他的这些教育思想深深影响了我,所以我希望王老师的教育思想能得到进一步的挖掘,王老师的精神能得到进一步的弘扬。

附录：
# 厚德生光
# 博学致远
## ——记王光远院士

我心里只有一个愿望，那就是科学救国、教育救国！

科学的道路上，遍布艰辛，也充满诱惑，必须有一个能长期支持自己的理想，才能不为所惑。

科研方向的选择是科学研究的战略性抉择，既要符合学科发展的需要，更要符合国家的需要。

科学研究一定要有创新思想，但真正的创新不是主观臆造的标新立异，而是根据长期深入的科学探索和实践，不断总结和充分吸取本学科及有关学科的最新思想和成就，从而发现矛盾、解决矛盾。

随着科学技术的发展，要突破传统观念进行研究，要了解国家生产需要解决的问题，根据学生的特长选择适合的科研题目，开辟新的研究领域。

他心怀家国，扎根东北70余载，用哈工大"八百壮士"精神影响一代代学子；

他敢为人先，是中国地震工程学界先驱之一、我国结构设计理论研究领域的开拓者；

他诲人不倦，培养了一批两院院士、大学校长、知名专家学者，一生桃李满天下……

他就是中国工程院首批院士和我国首批硕士生、博士生导师之一，哈尔滨工业大学土木工程学院教授王光远。

**历经磨难求学路**
**科学救国、教育救国是他心中唯一的愿望**

1924年3月25日，王光远出生于河南省温县南韩村，那是位于太行山脚下黄河之滨的一个美丽的地方。

他的父亲毕业于河南开封高级师范学校，毕业后在开封第三小学做语文教员,后任温县教育局局长,是村里最有学问的人。

然而,在那个天灾人祸频发的年代,他的童年几乎都是在兵荒马乱的艰难岁月中度过的。

"在我的记忆中,经常躲在麦秆堆里、野地里,有时还躲到亲戚家里……"王光远回忆道。

1936年暑期,王光远考取了河南省最好的初级中学——开封初中,且成绩名列前茅。然而,1937年"七七事变"爆发后,开封初中宣布解散。正读初二的他被迫结束平静的学习生活,回到家乡,在极度苦闷与彷徨中开始了艰难的自我奋斗。

"我才13岁,我不能在日寇占领下回家种地,我要读书,哪怕是一个人走,也要到后方去读书。学习科学是我唯一的最急迫的追求目标,我甘愿冒一切风险……"在父亲的影响下,"科学救国""教育救国"的种子早早就埋在了他的心里,他愿意为这个目标全力奋斗,甚至受苦受难。

为了求学,年仅13岁的王光远辞别家人,开始向西北逃难。从河南开封到陕西西安,再辗转到甘肃天水,一路颠沛流离,历尽千辛万苦。

回忆那段苦难旅程,简直可以用"九死一生"来形容。后来,王光远还把那段经历写成独幕短剧《祸不单行》,发表在《天水日报》上。

为了表达自己为读书可以忍受一切苦难的决心,他撰写了一份《万言书》,叙述自己为了追求读书而忍受的苦难,表达了一个无依无靠的流亡学生对读书的强烈渴望。

这份《万言书》深深打动了当时国立甘肃中学(后改名"国立第五中学")校长、著名教育家查良钊先生,从而重新开启了王光远的求学之路。

"经过了那些苦难,以后没有什么困难是克服不了的。"正是这段非同寻常的经历,磨炼了王光远不屈不挠和执着求索的精神。

1940年，王光远以全省会考第二名的优异成绩初中毕业，免试进入高中。1942年，他又提前一年学完高中课程，考取国立西北农学院水利系，师从著名力学家孟昭礼先生，从此一生与工程力学结缘。

1946年，孟昭礼应邀回北洋大学（现天津大学）任教，推荐刚毕业不久、在黄河水利委员会参加花园口堵口工程的王光远担任他的助教。1949年，孟昭礼积劳成疾，坚持要王光远接替他的全部工作。就这样，王光远承担起土木系理论力学、材料力学、结构力学和弹性力学的全部讲课任务，并于1950年被提升为讲师。

"我最幸运的就是遇到了恩师孟昭礼教授，是他影响和决定了我一生所走的道路。"王光远说，"跟随恩师，不仅使我学到了先进的科学知识，更重要的是，使我切身体会了先生严谨治学的态度，科学求实的精神和孜孜不倦、追求真理的品质，以及思考问题和解决问题的科学方法，这些都对我的一生产生了重大的影响。"

1950年10月，高教部在全国工科院校选派第一批助教和讲师到哈工大，作为师资研究生跟苏联专家学习，王光远便是其中之一。从此，他扎根东北70余载，留下累累硕果和满园桃李。

王光远把握机会，争分夺秒，用两年时间就读完了研究生全部课程，毕业论文《以变形法解刚架的简捷方法》在权威性论文集《结构力学研究》中被专文介绍。

1952年，王光远提前毕业，被老校长李昌点名留校任教，担任建筑力学教研室主任。该教研室负责全校材料力学、结构力学和弹塑性理论的教学和科研工作。1952—1956年，王光远参与培养了大批研究生和进修教师，这些人后来成为我国各主要工科大学的骨干教师，其中陈肇元和沈世钊成为中国工程院院士。

"我心里只有一个愿望，那就是科学救国、教育救国！这种思想贯穿了我的一生，我的一切工作都是为了这个目的。"王光远说。

### 敢为人先科研路
### 瞄准前沿、服务国家是他坚守一生的追求

"科学的道路上,遍布艰辛,也充满诱惑,必须有一个能长期支持自己的理想,才能不为所惑。"王光远说,"科研方向的选择是科学研究的战略性抉择,既要符合学科发展的需要,更要符合国家的需要……"

作为我国结构设计理论研究领域的开拓者,王光远一生致力于结构设计理论的前沿研究,使之能够解决我国发展建设中的"卡脖子"难题。

1952年,我国结构动力学领域还是空白之时,他就以"勇闯无人区"的战略眼光和超前思维,在全国率先开设这门课,并把结构动力学确定为科研方向,从此一生初心不改。

1955年,国务院发布了一个文件,号召全国的科研工作者研究十大课题,其中之一是"抗地震结构的计算方法"。考虑到国家的迫切需要和结构力学发展的趋势,王光远积极响应号召,投身这个当时在我国尚属空白的研究领域。

如何对待科研选题?王光远认为,"没有坏的课题,只有不恰当的研究方法",这是他从自己长期的科研经历中总结出来的经验。

20世纪50年代末,王光远课题组接到上级任务——解决工业厂房的振动问题。他在召集小组开会时强调,只有抓住主要矛盾,才能够有效地进行研究。工业厂房振动问题的主要矛盾是空间整体性,所以要将它作为一个整体来研究。在这个思路指导下,课题组很快取得了成果,在世界上率先建立了厂房空间整体振动理论,并在各种设计规范中得到应用。

"科学工作者要有敏锐的目光,能对学科发展趋势作出准确判断,尤其是要及时把握学科发展的'陡坡',用富有成效的工作推动其发展。"王光远说。

20世纪50年代后期,他应用新的数学工具——随机过程理论,研究地震荷载和风荷载的计算理论,于1964年发表《在非平稳强地震作用下结构反应的分析方法》一文,当时已接近世界先进水平。

此后,王光远带领团队在地震工程理论方面取得了一系列创造性的研究成果,创立了"建筑物空间整体振动理论"。该成果被评定为1964年国家重大科研成果,1974年被我国制定的《工业与民用建筑抗震设计规范》所采用,并于1978年荣获全国科学大会奖。

"王老师做科研从来不会跟风,他会自己寻找前沿的课题去做。"王光远的学生、哈工大土木学院教授吕大刚这样总结老师的科研理念。

从20世纪70年代后期开始,王光远将系统工程、优化和决策理论、模糊数学等新兴学科应用于工程设计理论和结构动力学研究,建立了结构模糊随机优化设计理论、模糊随机振动理论、广义可靠性理论、工程大系统全局性优化理论、地震工程全系统全寿命优化设计理论和方法等,取得多项重大成果,多次获得国家和省部级科技奖。

他还积极开展跨学科研究,1987年创建工程理论与应用研究所,会聚了力学、数学、土木、机械、材料、计算机等多学科的优秀人才,形成了6个相对独立的研究群体。研究所不但承担了大量国家重大研究课题,也为年轻教师和研究生的锻炼成长提供了很好的条件和难得的机会。

半个多世纪的科研工作,让王光远总结出一条自己的"科研路线":创新是科学的灵魂,而实践是创新的基础。

"科学研究一定要有创新思想,但真正的创新不是主观臆造的标新立异,而是根据长期深入的科学探索和实践,不断总结和充分吸取本学科及有关学科的最新思想和成就,从而发现矛盾、解决矛盾……"

王光远常常告诫学生:"做科研不能急功近利,更不能盲目赶时髦,选择的科研方向一定要代表学科的发展方向,应该是一个正在发展并将要大发展的方向。同时,更要放眼看世界,使自己的研究站在一个更高的起点上。"

**不拘一格育人路**
**"得英才而教之,不亦乐乎"是他最大的收获**

"我始终认为做老师最主要的职责就是教好学生。不要一心只想搞科研,把教学当作负担,培养后代是我们对中国最大的贡献。"

王光远十分重视教学。他认为,作为教师的本职工作是教学,搞科研之前首先要过教学关。"对于一名教师来说,过教学关是一个非常重要的过程。要过好教学关,就必须深刻理解所教授课程的内容及其富含的深远意义,然后才能深入浅出地用最容易理解的语言让学生很快掌握真正的知识和正确的概念。"

王光远自己曾经用10年时间过好"教学关",编写并翻译出版国内外教材14部,为我国地震工程、结构动力学及力学教学工作作出了重要贡献。他同样要求学生们也要搞好教学。

"我也花了大概10年的时间来过'教学关',主讲过10多门课程,这一点是从老师那里言传身教来的。"吕大刚说。

从留校之初,王光远就潜心研究教学方法。从教几十年,他走到哪里,哪里就会形成一个高水平的"磁场",听过他讲课的人无不承认"那是一种享受"。

全国模范教师何钟怡教授,用"有如行云流水,行其当行,止其当止"来形容王光远等老一辈在教学上的"规格严格,功夫到家",并说这种影响"毕生难忘"。

至今仍让很多人津津乐道的一件事,是王光远曾经在容纳30人的教室给学生上课,讲着讲着就有其他学生挤进来听课,小教室装不下,只能临时换到大教室,最后一直换到能容纳300人的大教室。

"高标准,严要求,为学生创造条件。"王光远这样总结自己的"为师之道"。

他说，导师要坚持高标准，站在科学的最前沿，引导学生去开辟新领域；不论是对自己还是对学生，抑或是对工作、对生活，都要严格要求，这是一种态度。更重要的是，要为学生创造条件，要"甘为人梯"。

"教书育人，重在培养学生高尚的人生观和科学的世界观，要为他们显露才华提供最好的舞台。"王光远说，"'青出于蓝而胜于蓝'对老师来说是一种光荣，你的学生比你强才证明你更有水平。"

从1959年成为我国第一批研究生导师，到1981年成为我国第一批博士生导师，到1987年牵头建立黑龙江省第一批博士后流动站之一的力学博士后流动站，再到1994年当选中国工程院首批院士，王光远一直在为高层次人才的成长提供营养丰富的土壤。

"记得1977年招收研究生时，有40多人报考我的研究生。当时教育部规定每个教授最多只能带3名研究生，最后还是写了申请递交给教育部，同意后才录取了12人。"王光远在学生心中的影响力可见一斑。

王光远对学生的培养可以说是"不拘一格"。比如对博士生，既吸收他们参加课题研究，又不在学术思想和研究方法上过多限制；既允许他们在熟悉的方向上继续深入，也允许他们扩展领域，对新学科进行探索。

"我认为主要是开阔学生眼界，随着科学技术的发展，要突破传统观念进行研究，要了解国家生产需要解决的问题，根据学生的特长选择适合的科研题目，开辟新的研究领域。"王光远说。

"由于王老师因材施教，讲课不局限于书本，研究也不固守一个领域，使我们可以成为多个领域的带头人，如交通、航天、农业、林业……"学生们说，"并且王老师招收人才的时候也不局限于土木专业，有的学生原来不是土木领域的，有的甚至已经是副教授，还是愿意跟随他继续学习……"

据学生们介绍,王光远经常把自己的学术思想毫无保留地公开,让大家去讨论;把自己比较成熟的科学构思甚至是半成熟的研究成果交给研究生,让大家继续研究、解决其中的一些难题。"因为王老师认为这样才能为学生施展自己的才华提供最好的舞台。"

在王光远"不拘一格"的精心培育下,一大批杰出人才脱颖而出,成为不同领域的领军人物,如两院院士陈肇元、沈世钊、周锡元、欧进萍、杜修力,知名学者李桂青、刘季、霍达……可谓桃李满天下。

"师者何求?得英才而教之,不亦乐乎!"王光远每每谈到自己的学生,欣慰之情总是溢于言表,"我所取得的成就与学生们的努力是分不开的,和他们在一起学习生活,每一天都充满着快乐。"

(通讯员 刘培香 记者 董鲁皖龙)

### 后记:薪火相传,灿若星辰

在年近百岁的王光远身边,总能感受到他的乐观与豁达。很多人问他长寿的秘诀,他说就是要乐观地面对生活,要知足,知足则常乐。

王光远的青少年时期充满坎坷,但在他看来,正是这段经历成了他一生的宝贵财富。他说:"在生活的旅途中,每个人都会遇到很多困难,我也不例外。我们必须学会克服困难,才能让生活得以继续。"

少年时代受到了艰苦的锻炼,青年时代作为学生遇到了最好的老师和较好的学习环境,中年以后作为教师又遇到了一大批优秀的学生和良好的科研环境——王光远认为,自己的一生无比幸运。

除了这份幸运,更是因为他的刻苦、勤奋、敬业,使他在中国地震工程学界作出了突出贡献。然而,每每提起贡献,他却谦逊地说:"除了勤奋和天分,还有机遇。每个人的机遇不同,因而只要有奉献的精神并尽了自己最大的努力,就可以由于问心无愧而心安理得。"

王光远的家里,经常充满着欢声笑语,因为这里有宽松的学术氛围和舒心的环境,是学生们最爱的地方。在学校,王光远爱才、惜才是出了名的。他把学生当孩子一样爱护,学生们也把他当作家长一样尊重和照顾。

胸怀祖国、敢为人先、严谨治学、潜心研究……王光远身上的这些科学家特质,来源于他的老师,又被他的一言一行传递给学生。正是思想的烽火代代相传,才造就了一批又一批优秀人才。

抬头仰望,我们仿佛看到点点烽火交相辉映,那是许多如王光远院士一样的科学家和教育家,数十年如一日奉献与坚守,用青春的灯火点燃生命,用生命的烈焰照亮天空,最终汇成了星辰大海。

(通讯员　刘培香　责任编辑　戴文慧)[1]

---

[1] 本文选自中国教育报 2023 年 3 月 16 日第 04 版新闻·人物:《厚德生光　博学致远——记中国工程院院士、哈尔滨工业大学教授王光远》,有删减。——编者

# 附录：
# 王光远大事年表

# 一、个人经历

| | |
|---|---|
| 1924 年 3 月 | 出生于河南温县。 |
| 1930—1937 | 先后在温县南韩村小学、开封第三小学、开封初中学习。 |
| 1938—1942 | 国立第五中学学生。 |
| 1942—1946 | 国立西北农学院水利工程系学生。 |
| 1946—1947 | 黄河水利委员会工程员。 |
| 1947—1950 | 北洋大学助教、讲师。 |
| 1950—1952 | 哈尔滨工业大学研究生。 |
| 1952—1959 | 哈尔滨工业大学讲师、副教授。 |
| 1956—1962 | 中国科学院土木建筑研究所（现中国地震局工程力学研究所）副研究员（兼职）。 |
| 1959 年至今 | 先后在哈尔滨建筑工程学院、哈尔滨建筑大学、哈尔滨工业大学担任副教授、教授、博士生导师。 |
| 1977 年 | 当选黑龙江省第五届人民代表大会代表。 |
| 1981 年 | 被国务院批准为我国首批博士研究生导师；被聘为国务院学位委员会力学评议组成员。 |
| 1983 年 | 当选黑龙江省第六届人民代表大会代表。 |
| 1984—2000 | 国际刊物 Engineering Optimization 编委。 |
| 1986—1989 | 负责国家自然科学基金项目"工程结构的模糊随机分析理论"。 |
| 1988—1990 | 负责国家自然科学基金项目"模糊随机振动的基本理论"。 |
| 1988—1992 | 参加国家自然科学基金信息科学部"七五"重 |

| | |
|---|---|
| | 大项目"模糊信息处理与机器智能",负责子课题"模糊过程理论"。 |
| 1988—1994 | 当选为国际结构安全与可靠性协会(IASSAR)委员,国家自然科学基金土建学科评议组成员。 |
| 1991—1994 | 中国力学学会副理事长。 |
| 1994—1997 | 负责国家自然科学基金"八五"重大项目"城市与工程减灾基础研究",负责子项目"抗灾结构的优化设计与可靠度"。 |
| 1994年4月 | 当选为中国工程院首批院士。 |
| 1998—2002 | 主持国家自然科学基金"九五"重大项目"大型复杂结构体系的关键科学问题及设计理论的研究",并负责子项目"大型复杂结构选型及工程系统全局优化实用方法的研究"。 |

## 二、在"八五"期间所取得的主要成就

1. 参加了国家自然科学基金"八五"重大项目"城市与工程减灾基础研究",负责子项目"抗灾结构的优化设计与可靠度"。

2. 将工程软设计理论中的"结构模糊优化设计"理论和"工程系统全局优化"理论应用于天线结构、空间飞行器结构和某卫星结构的优化设计实践中,对航空航天工程的设计理论做出了重要贡献。上述成果已经总结在王光远院士和陈树勋教授的专著《工程结构系统软设计理论及应用》(国防工业出版社,1996年)中。

3. 将抗灾结构优化设计分为四个层次:结构功能优化,结构选型,结构最优设防水平决策和最优设防水平条件下的最小造价设计,提出了科学、实用的抗灾结构最优设防荷载的决策方法。上述成果已经总结在王光远院士负责撰写的专著《抗震结构的最优设防烈度与可靠度》(科学出版社,1999年)中。此书获得了中国科学院科学出版基金

的资助。

4. 提出了工程结构基于最优设防烈度的抗震优化设计理论,分别提出了基于现行规范和基于损伤性能的抗震优化设计方法;在地震工程系统全局优化方面,提出了简单工程系统和网络工程系统抗震全局优化设计的实用方法。这两项成果对我国的地震工程设计理论做出了重要贡献。上述成果已经总结在王光远院士主持撰写的专著《工程结构与系统抗震优化设计的实用方法:基于最优设防烈度的抗震结构与系统的优化设计》(中国建筑工业出版社,1999年)中。此书获得了首批国家科学技术学术著作出版基金的资助。

### 三、在"九五"期间所取得的主要成就

1. 与同济大学项海帆院士共同主持国家自然科学基金"九五"重大项目"大型复杂结构体系的关键科学问题及设计理论的研究",并负责专题"大型复杂结构选型及工程系统全局优化实用方法的研究"。

2. 提出了工程结构全寿命造价最小抗震设计理论和方法,这项成果完全符合当时最新的国际标准《结构可靠性总原则》[ISO 2394 (1998)]提出的目标,解决了国际难题。在此项研究成果的基础上,负责编写了中国工程建设标准化协会标准《建筑抗震优化设计规程》。该规程是世界首部结构优化设计方面的标准,为结构优化设计从理论走向工程实际应用做出了重要贡献。

3. 将人工智能、计算智能、数据挖掘、知识发现、智能设计与智能CAD等技术应用于结构选型,提出了"结构智能选型"的理论和方法,建造了专家系统开发工具C-ADVISOR Ⅲ,开发了高层建筑结构智能选型系统和大跨空间结构智能选型系统。此项研究成果总结在王光远院士和吕大刚副教授主持撰写的专著《结构智能选型:理论、方法与应用》(中国建筑工业出版社,2005年)中。此书获得了国家科学技术学术著作出版基金的资助。

4. 提出了具有中介状态的工程结构及系统可靠性理论,并提出了单体工程结构、简单工程系统、递阶工程系统和网络工程系统考虑中介状态时的模糊可靠性分析方法。此项研究成果总结在王光远院士主持撰写的专著《工程结构及系统的模糊可靠性分析》(东南大学出版社,2001年)中。此书被列为院士丛书之一。

5. 提出了递阶工程系统和网络工程系统全局全寿命优化理论与方法,并将其应用于成组气田工程大系统开发规划与决策、城市交通系统最优布局与加固方案优化、电力网络系统规划与决策等一些重大工程项目中。此项研究成果总结在王光远院士主持撰写的论文《地震结构全寿命预期总费用最小优化设计》中。

6. 提出了建筑工程项目可行性分析与论证的理论与方法:提出了建筑工程项目可行性分析与论证的程序与内容,建筑市场预测的模糊协调预测方法,建立了可行性论证的评价指标体系和灰色评价方法,以及建筑工程项目可行性论证风险分析方法。此项研究成果总结在耿永常和王光远院士的专著《工程项目可行性论证的理论、方法与应用》(高等教育出版社,2007年)中。

## 四、理论研究成果

### (一)建立了"建筑结构整体空间作用的计算理论"

二十世纪五十年代后期,王光远在大模型试验和对大量真实建筑物进行测试的基础上,指出在建筑物的静力和动力计算中必须考虑建筑物的空间整体作用,并发现了在建筑物变形时,屋盖和楼板在其本身平面中呈现以剪切变形为主的特点,使计算不仅符合实际情况而且简便实用。此成果被评定为1964年国家重大科研成果,并被我国一些设计规范所采用。1978年,此计算理论在全国科学大会获奖。

### (二)建立了"结构模糊优化设计理论"

由于结构设计是根据现有的信息,利用试验和计算的办法,预测各种设计方案在其未来使用期间的各种表现,所以具有强烈的不确定性。过去的结构设计都未考虑这些不确定性,不仅使设计不够合理,而且出现一些不可解决的矛盾。王光远1984年首先发表了《结构模糊优化设计理论》,使设计中得到的不再是一个所谓的"最优解",而是一族"满意解",这样,就可以在满意解族中作进一步优选,找出正式采用的设计方案。这项成果获得了1987年国家教育委员会科技进步一等奖和1987年国家自然科学三等奖。在此基础上,王光远和他的学生们进一步提出了多目标多约束的普遍型结构模糊随机优化设计(称为"软设计")理论。这个成果还推动了模糊数学的发展。

### (三)提出了"广义可靠性理论"

目前,系统的可靠度被定义为系统在使用期间能正常工作的概率,这说明只考虑了事物的随机性。王光远在研究结构软设计理论过程中,提出了"广义可靠度"的概念和计算方法,即在系统内部或系统所处环境中的任何不确定性(随机性、模糊性和未确知性)都会导致系统工作状态的不确定性,从而带来系统的可靠性问题。

### (四)建立了"工程大系统的全局性优化理论"

目前国内外的工程优化都局限于对单个结构设计的优化,但一个工程项目大多是由一系列结构所组成的工程系统。对各个结构单独进行优化所组成的工程系统却并不优化,这是因为全局的利益往往要求某些局部做出牺牲,只对各个局部分别进行优化就割裂了各局部间的联系。王光远用所有结构、子系统和大系统的可靠度为指标进行全局优化,优化的目标函数中包括当前投资(造价)和长远经济效益(失效损失的期望值)。经过结构、子系统和大系统间的不断协调求出工程大系统的最优可靠度分布,然后各个结构就可以按其最优可靠度进行本身的优化设计。这就是在工程全局优化指导下的结构优化设计。

### (五)建立了"模糊随机振动理论"

地震地面运动模型不仅具有随机性,而且还与地震烈度和场地分类有关,它们具有强烈的模糊性,王光远和他的学生1985年提出将地震地面运动模拟为具有模糊参数的随机过程,给出了计算方法。后又提出了模糊随机振动的一般理论。为此,他们提出了动态模糊集合、模糊过程、模糊随机过程等概念,这就把模糊数学从静态推到了动态。这项成果1993年获得国家教育委员会科技进步一等奖。

**(六)提出了"地震工程全系统全寿命费用最小优化设计的理论和方法"**

这项最新的成果完全符合国际标准 ISO 2394(1998)提出的目标,解决了国际难题。

**(七)开展了"工程建设中的智能辅助决策系统的应用研究"**

这项成果于2005年汇于《结构智能选型:理论、方法与应用》(中国建筑工业出版社,2005年)一书中。此项成果1995年获国家教育委员会科学技术进步奖二等奖。

**(八)提出了"土木工程全系统全寿命优化设计理论"**

此理论2008年获教育部自然科学奖二等奖。

**(九)其他**

除以上八种重要理论研究外,王光远还做出了以下重要贡献:

(1)1958年首次提出竖向地震作用下高耸结构纵向振动的计算方法。

(2)1982年提出地震烈度的模糊综合评定法。

(3)1983年提出桁架结构设计的两相优化法。

(4)1990年提出具有耦联因素的抗震结构建筑场地等级的模糊综合评定方法。

(5)1990年提出结构服役期间的动态可靠度及其维修理论的初步框架。

(6)1990年提出未确知信息的定义及其数学处理方法。

# 附录：
# 王光远主要论著

# 一、著作

[1] 王光远. 弹性及塑性理论[M]. 北京:建筑工程出版社,1959.

[2] 王光远. 建筑结构的振动[M]. 北京:科学出版社,1978.

[3] 王光远. 应用分析动力学[M]. 北京:人民教育出版社,1981.

[4] 王光远,董明耀. 结构优化设计[M]. 北京:高等教育出版社,1987.

[5] 王光远. 工程软设计理论[M]. 北京:科学出版社,1992.

[6] 张跃,王光远. 模糊随机动力系统理论[M]. 北京:科学出版社,1993.

[7] 王光远,张跃. 模糊随机过程论[M]. 贵阳:贵州科技出版社,1994.

[8] 王光远,陈树勋. 工程结构系统软设计理论及应用[M]. 北京:国防工业出版社,1996.

[9] 乔忠,王光远. 模糊随机规划理论[M]. 北京:科学出版社,1996.

[10] 欧进萍,王光远. 结构随机振动[M]. 北京:高等教育出版社,1998.

[11] 王光远,程秋东,邵卓民,等. 抗震结构的最优设防烈度与可靠度[M]. 北京:科学出版社,1999.

[12] 王光远. 工程结构与系统抗震优化设计的实用方法:基于最优设防烈度的抗震结构与系统的优化设计[M]. 北京:中国建筑工业出版社,1999.

[13] 王光远,张鹏,陈艳艳,等. 工程结构及系统的模糊可靠性分析[M]. 南京:东南大学出版社,2001.

[14] 王光远,吕大刚. 结构智能选型:理论、方法与应用[M]. 北京:中国建筑工业出版社,2005.

[15] 耿永常,王光远. 工程项目可行性论证的理论、方法与应用[M]. 北京:高等教育出版社,2007.

[16] 别辽耶夫. 材料力学 上 第1分册[M]. 王光远,等译. 北京:商务

印书馆,1953.

[17] 别辽耶夫. 材料力学 下 第1分册[M]. 王光远,等译. 北京:商务印书馆,1953.

[18] Н.Л.库滋民,В.Г.列卡其,Г.И.洛溱布拉特. 结构力学习题集（上册）[M]. 王光远,译. 北京:商务印书馆,1953.

[19] Н.Л.库滋民,В.Г.列卡其,Г.И.洛溱布拉特. 结构力学习题集（下册）[M]. 王光远,译. 北京:商务印书馆,1953.

[20] 波波夫. 材料力学[M]. 王光远,等译. 北京:商务印书馆,1954.

[21] 别辽耶夫. 材料力学（上册）[M]. 王光远,等译. 北京:高等教育出版社,1955.

[22] 别辽耶夫. 材料力学（下册）[M]. 王光远,等译. 北京:高等教育出版社,1956.

[23] 别辽耶夫. 材料力学实验[M]. 王光远,等译. 北京:高等教育出版社,1956.

[24] 波波夫. 材料力学[M]. 王光远,等译. 北京:高等教育出版社,1957.

[25] 纳扎罗夫. 地震力的工程分析法[M]. 王光远,陈淦荣,译. 北京:中国工业出版社,1965.

[26] 克拉夫,彭津. 结构动力学[M]. 王光远,等译. 北京:科学出版社,1981.

## 二、论文

[1] 王光远. 以变形法解刚架之简捷方法[C]. 哈尔滨工业大学第二届教学技术及教学研究工作会议报告发言选集,1952.

[2] 王光远. 计算刚架及绘制其感应线的近似方法[J]. 哈尔滨工业大学学报,1954(1):16-27.

[3] 王光远. 以初参数法计算复杂刚架[J]. 哈尔滨工业大学学报,

1955(3):85-98.

[4] 王光远.以初参数法计算多层刚架及连框桁架[J].哈尔滨工业大学学报,1955(4):29-39.

[5] 王光远.连续梁及连续刚架的振动及稳定之计算[J].哈尔滨工业大学学报,1957(1):20-35.

[6] 王光远.多层建筑自振形式及其频率的计算[J].哈尔滨工业大学学报,1957(1):9-19.

[7] 王光远.建筑物所受地震力的计算方法[J].土木工程学报,1958(2):107-122.

[8] 王光远.在地震作用下高耸结构的纵向振动[J].土木工程学报,1958(2):140-149.

[9] 王光远.高层建筑及高耸结构在地震作用下的纵向振动[J].土木工程学报,1958(2):140-149.

[10] 王光远.用林氏力矩一次分配法分析对称式多层单间排架的风应力及对称式平行弦连框桁架的讨论(四)[J].土木工程学报,1959(3):226-227.

[11] 王光远.计算几种结构的自振和稳定的统一公式[J].土木工程学报,1959,6(6):436-445.

[12] 王光远.阶形建筑物自由振动和地震振动的分析[J].哈尔滨建筑工程学院学报,1959(1-2):37-50.

[13] 王光远.论"新的中国地震烈度表"中的若干问题[J].地球物理学报,1959(1):7-14.

[14] 王光远.结构模型试验的相似条件[J].哈尔滨建筑工程学院学报,1959(4-5):61-75.

[15] 王光远.计算刚架强度、稳定及振动的位移法之简化[J].土木工程学报,1960(3):55-60.

[16] 王光远,李桂青.在风荷载作用下高耸结构反应的概率分析[J].

建筑学报,1962(3):28-30.

[17] 王光远,徐祥文,周锡元,等. 单层厂房自振特性及其在地震反应计算中的应用[A]∥中国科学院土木建筑研究所地震工程研究报告集,第1集[C]. 科学出版社,1962.

[18] 王光远. 考虑空间作用时单层厂房动力及静力的计算理论[J]. 土木工程学报,1963(1):3-17.

[19] 王光远. 多层建筑自由振动的计算方法[J]. 哈尔滨建筑工程学院学报,1963(1):1-15.

[20] 王光远. 具有线性滞变阻尼的弹性体系振动的一般规律[J]. 哈尔滨建筑工程学院学报,1963(3):41-53.

[21] 王光远. 在非平稳强地震作用下结构反应的分析方法[J]. 土木工程学报,1964(1):14-22.

[22] 王光远. 精密机械的隔振基础及其计算方法[J]. 技术研究,1964(4):1-12.

[23] 王光远,郭长城. 对"考虑空间作用时单层厂房动力及静力计算理论"的补充[J]. 土木工程学报,1964(4):34-39.

[24] 王光远. 对"考虑空间作用时单层厂房动力及静力的计算理论"讨论文(一)的答复[J]. 土木工程学报,1965(1):91-94,87.

[25] 王光远,周锡元. 回归方程的两个定理在回归分析和求相关函数中的应用[J]. 应用数学与计算数学,1965(1-5):39-50.

[26] 王光远,郭长城. 单层厂房的整体稳定性[J]. 哈尔滨建筑大学学报,1974(1):17-26.

[27] 王光远. 单层厂房空间工作中屋盖的变形性质[J]. 哈尔滨建筑大学学报,1975(1):61-79.

[28] 孟昭礼,王光远,严宗达. 关于变形连续体虚功原理的表述方式及其实质的讨论[J]. 天津大学学报,1978(1):86-94.

[29] 王光远,卢书辉,沈乃杰. 抗震结构最优设计的理论和方法[J].

哈尔滨建筑大学学报,1978(2):1-48.

[30] 王光远,董明耀,郭骅.剪切型多层框架抗震设计的最优刚度分布[J].地震工程与工程振动,1981(1):92-105.

[31] 王光远,何钟怡.质点系的广义自然运动和广义虚功原理[J].哈尔滨建筑工程学院学报,1981(4):1-5.

[32] 王光远,王志忠.超静定桁架满应力解的存在条件[J].固体力学学报,1981(4):427-434.

[33] 王光远.地震烈度的模糊综合评定及其在抗震结构设计中的应用[J].地震工程与工程振动,1982(4):17-25.

[34] 王光远.论砖烟囱的地震破坏及其研究方法[J].地震工程与工程振动,1983(2):55-58.

[35] 王光远,周正源,霍达.结构设计的两相优化法[J].力学学报,1983(4):376-387.

[36] 王光远.地震烈度的二级模糊综合评定[J].地震工程与工程振动,1984(1):12-19.

[37] 王光远,王文泉.结构模糊优化设计[J].计算结构力学及其应用,1984(2):67-75.

[38] 霍达,王光远,周正源.桁架优化力学准则的失效问题[J].哈尔滨建筑工程学院学报,1984(2):41-54.

[39] 王光远,王焕定.论变形体虚功原理的充分性[J].哈尔滨建筑工程学院学报,1984,(3):31-32.

[40] WANG G Y, ZHOU Z Y, HUO D. A Two-phase Optimization Method for Minimum-Weight Design of Trusses[J]. Engineering Optimization,1984,8(1):55-67.

[41] WANG G Y, WANG W Q. Fuzzy Optimum Design of Structures[J]. Engineering Optimization,1985,8(4):291-300.

[42] WANG G Y. Two-stage Comprehensive Evaluation of Earthquake

Intensity and Its Application[J]. Earthquake Engineering and Structural Dynamics,1985,13(1):67-73.

[43] WANG G Y,WANG W Q. Fuzzy Optimum Design of Aseismic Structures[J]. Earthquake Engineering and Structural Dynamics,1985,13(6):827-837.

[44]王光远,王文泉.抗震结构的模糊优化设计[J].土木工程学报,1985(2):1-10.

[45]王光远.论地震烈度的模糊性和随机性的表达方式[J].地震工程与工程振动,1985(3):1-5.

[46]王光远,王文泉.具有广义模糊约束的数学规划[J].模糊数学,1986(1):1-9.

[47]王光远,欧进萍.多自由度滞变体系在地震作用下的模糊随机振动[J].地震工程与工程振动,1986(3):1-11.

[48]欧进萍,王光远.基于模糊破坏准则的抗震结构动力可靠性分析[J].地震工程工程振动,1986(1):1-11.

[49]王光远,王文泉.抗震结构的模糊优化设计及模糊可靠性分析[J].哈尔滨建筑工程学院学报,1986(2):1-14.

[50]欧进萍,王光远.抗震结构的模糊随机振动与模糊动力可靠性分析[J].哈尔滨建筑工程学院学报,1986(2):28-42.

[51]王光远,王文泉.抗震结构的模糊可靠性分析[J].力学学报,1986(5):448-455.

[52]王光远.模糊数学与结构力学和地震工程[J].自然杂志,1986(12):29-32.

[53]王光远,欧进萍.动态模糊集合与模糊过程初论[J].大自然探索,1987(2):49-55.

[54]王光远,陈树勋.预定变形设计桁架及其优化[J].土木工程学报 1987(2):1-9.

[55] WANG G Y, OU J P. Fuzzy Random Vibration of multi-degree-of-freedom hysteretic systems subjected to earthquakes[J]. Earthquake Engineering and Structural Dynamics,1987,15(5):539-548.

[56] WANG G Y, OU J P. Fuzzy Random Models of Future Earthquake Ground Motion[J]. Developments in Geotechnical Engineering,1987(45):361-371.

[57] 陈树勋,王光远.普遍型模糊规划的一种满意解[J].模糊系统与数学,1987(0):112-120.

[58] 王光远,欧进萍,汪培庄.动态模糊响应分析的基本理论[C]//第二届全国近代数学与力学讨论会,1987.

[59] 王光远,王文泉,欧进萍.系统的广义可靠度[J].系统工程理论与实践,1988(1):6-13.

[60] 王光远,欧进萍.在地震作用下结构的模糊随机振动[J].力学学报,1988(2):173-180.

[61] 武爱虎,王光远.抗震结构最优设防烈度的模糊决策[J].地震工程与工程振动,1988(1):1-11.

[62] 武爱虎,王光远.工程结构设防水平的最优决策[J].哈尔滨建筑大学学报,1988(2):1-10.

[63] 王光远,王文泉,段明珠.具有多种失效模式的抗震结构的模糊可靠性分析[J].力学学报,1988(3):278-282.

[64] 王光远,欧进萍.抗震结构的模糊随机振动[J].振动与冲击,1988(2):23-30.

[65] 王光远,欧进萍.地震地面运动的模糊随机模型[J].地震学报,1988(3):308-316.

[66] 王光远,欧进萍,汪培庄.动态模糊集[J].模糊系统与数学,1988(1):1-8.

[67] 王光远.工程系统设计理论展望[J].中国科学基金,1988(3):

26−30.

[68] 王光远,欧进萍.模糊变量的F期望与满足测度[J].哈尔滨建筑工程学院学报,1988(4):1−11.

[69] 欧进萍,王光远.抗震结构的模糊震害预测与损失估计[J].建筑结构学报,1989(2):46−53.

[70] WANG G Y, OU J P. Theory of Fuzzy Random Vibration with Fuzzy Parameters[J]. Acta Mechanica Solida Sinica,1989,2(4):403−413.

[71] 王光远,谭东耀.结构随机模糊优化设计方法及其对抗震结构的应用[J].地震工程与工程振动,1989(1):1−9.

[72] 谭东耀,王光远.结构随机模糊优化设计的集约化综合法[J].哈尔滨建筑工程学院学报,1989,22(1):11−23.

[73] 欧进萍,王光远.模糊随机变量及其概率特征[J].哈尔滨建筑工程学院学报,1989,22(1):1−11.

[74] 王光远.结构软设计理论初探[J].力学与实践,1989(2):11−19.

[75] 欧进萍,王光远.动态系统受模糊干扰的响应分析[J].哈尔滨建筑工程学院学报,1989,22(2):1−15.

[76] 谭东耀,王光远.结构随机模糊优化设计的广义可靠度法[J].哈尔滨建筑工程学院学报,1989,22(2):15−27.

[77] WANG G Y, OU J P. Fuzzy-Random Models of Earthquake Ground Motion[J]. Acta Seismologica Sinica,1989,2(3):420−428.

[78] 谭东耀,王光远.多随机模糊因素测度度量的近似化和实际计算[J].哈尔滨建筑工程学院学报,1989,22(3):1−12.

[79] 王光远.抗震结构最优可靠度的决策方法[J].地震工程与工程振动,1989(3):1−8.

[80] 王光远,阎春宁,谭东耀.工程系统可靠度的最优分配[J].哈尔滨建筑工程学院学报,1989,22(4):1−11.

[81] 王光远,高原青,徐立本,等.抗震结构最优设防水平决策专家系统[J].计算结构力学及其应用,1989(2):1007-4708.

[82] 王光远,谭东耀.结构的随机模糊优化设计方法[C]//中国系统工程学会模糊数学与模糊系统委员会第五届年会.成都:西南交通大学出版社,1990.

[83] 王光远,谭东耀.工程系统最优可靠度的决策[J].工程力学,1990(1):18-26.

[84] CHEN S X, WANG G Y. Multiobjective Fuzzy Optimum Design of Antenna Structures[J]. Acta Mechanica Solida Sinica, 1990, 3(1): 81-91.

[85] 严宗达,王光远.对《关于力的功的定义》一文的答复[J].力学与实践,1990(1):67-68.

[86] 王光远.抗震结构建筑场地等级的模糊综合评定[J].哈尔滨建筑大学学报,1990,23(1):6-15.

[87] 谭东耀,王光远.随机模糊优化问题合适解的存在性[J].哈尔滨建筑大学学报,1990,23(1):16-24.

[88] WANG G Y, OU J P. Theory of Fuzzy Random Vibration with Fuzzy Parameters[J]. Fuzzy Sets and Systems, 1990, 36(1): 103-112.

[89] 王光远.结构服役期间的动态可靠度及其维修理论初探[J].哈尔滨建筑大学学报,1990,23(2):1-9.

[90] 王光远,吴波.基于可靠度最优分布的桁架优化设计[J].哈尔滨建筑大学学报,1990,23(2):10-23.

[91] 谭东耀,王光远.随机模糊因素的演化及其测度度量[J].哈尔滨建筑大学学报,1990,23(3):1-9.

[92] 王光远,阎春宁,谭东耀.抗震结构最优可靠度决策中的总损失问题[J].地震工程与工程振动,1990(4):1-4.

[93] 欧进萍,牛荻涛,王光远.多层非线性抗震钢结构的模糊动力可靠

性分析与设计[J].地震工程与工程振动,1990(4):27-37.

[94] 王光远.未确知信息及其数学处理[J].哈尔滨建筑大学学报,1990,23(4):1-9.

[95] 陈树勋,王光远.结构普遍型模糊优化设计的理论与解法[J].固体力学学报,1990(2):128-139.

[96] 王光远.论"工程软科学"[J].苏州城建环保学院学报,1990,3(2):1-6.

[97] 王光远,谭东耀.论工程系统可靠度最优分布的决策方法[J].力学与实践,1991(1):1-7.

[98] 王光远,欧进萍.含模糊参数的随机振动[J].固体力学学报,1991(3):208-217.

[99] 张庙康,王光远.关于机械运行的动态可靠度的讨论[J].振动、测试与诊断,1991,11(3):5-11.

[100] 陈树勋,王光远.天线结构多目标模糊优化设计[J].计算力学学报,1991(4):413-420,396.

[101] 欧进萍,王光远,汪培庄.模糊过程与模糊微分方程的解法[J].模糊系统与数学,1991(2):1-10.

[102] 王光远,张淑华.串联工程系统的全局优化[J].哈尔滨建筑工程学院学报,1991(4):1-8.

[103] 张跃,王光远.正态模糊随机过程[C]//中南模糊数学与系统理论和应用成果交流会,1991.

[104] 王光远,谭东耀,王东炜.失效相关工程系统的可靠度[J].地震工程与工程振动,1992(1):1-6.

[105] 欧进萍,牛荻涛,王光远.多层非线性抗震钢结构的损失估计与优化设计[J].计算力学学报,1992(2):171-179.

[106] 王光远,吴和琴,王丽萍.经典未确知集合[J].河北建筑科技学院学报,1992(3):86-91.

[107] 张跃,王光远.连续模糊随机过程[J].河北建筑科技学院学报,1992(3):134-138.

[108] TAN D Y,WANG G Y. Global Optimization of Large Scale Engineering System[J]. Engineering Optimization,1992,18(4):303-315.

[109] 张跃,王光远.正态模糊随机过程的基本性质[J].哈尔滨建筑大学学报,1992,25(2):1-12.

[110] 张跃,王光远.模糊复集合与模糊复数[J].哈尔滨建筑大学学报,1992,25(3):1-6.

[111] 王光远,谭东耀,张淑华.失效相关串联工程系统可靠度的最优分布[J].地震工程与工程振动,1992(2):19-28.

[112] 王光远,张淑华.考虑结构失效相关性时串联工程系统造价与可靠度间的关系[J].哈尔滨建筑工程学院学报,1992(4):1-8.

[113] 王时标,王光远.信比统计和潜在震源区划分[J].哈尔滨建筑大学学报,1992,25(4):9-14.

[114] 欧进萍,王光远,吴波.动态模糊随机信息处理的数学方法[J].模糊系统与数学,1992(2):68-76.

[115] WANG G Y,OU J P,TAN D Y. Fuzzy Random Analysis and Design of Engineering Structures[J]. Computational Mechanics in Structural Engineering,1992,412-422.

[116] WANG G Y,TAN D Y. General Fuzzy Random programming[J]. Mohu Xitong yu Shuxue,1993,7(1):20-29,19.

[117] 王光远.结构强度储备的评估及结构维修过程的跟踪决策[J].哈尔滨建筑大学学报,1993,26(2):1-10.

[118] 张淑华,王光远.工程并联子系统的优化[J].哈尔滨建筑大学学报,1993,26(3):1-8.

[119] 王光远,谭东耀.普遍型模糊随机规划[J].模糊系统与数学,

1993(1):20-29.

[120] WANG G Y,QIAO Z. Linear Programming with Fuzzy Random Variable Coefficients[J]. Fuzzy Sets and Systems,1993,57(3):295-311.

[121] QIAO Z,WANG G Y. On Solutions and Distribution Problems of the Linear-Programming with Fuzzy Random Variable-Coefficients[J]. Fuzzy Sets and Systems,1993,58(2):155-170.

[122] 张跃,王光远.可测模糊随机函数[J].哈尔滨建筑大学学报,1993,26(5):1-7.

[123] 王时标,王光远.地震危险性分析的综合评定法[J].哈尔滨建筑大学学报,1993,26(5):8-13.

[124] 白广忱,王光远.表决系统最优可靠度的决策方法[J].哈尔滨建筑工程学院学报,1993(5):14-19.

[125] 欧进萍,牛荻涛,王光远.非线性钢筋混凝土抗震结构的损失估计与优化设计[J].土木工程学报,1993(5):14-21.

[126] 王光远,乔忠.随机线性规划的单纯形法与模糊随机线性规划的解法[J].哈尔滨建筑大学学报,1993,26(6):1-6.

[127] 程江天,王光远.已有抗震结构动态可靠度的评定[J].哈尔滨建筑大学学报,1993,26(6):7-16.

[128] WANG G Y,OU J P. Fuzzy Random Dynamic Systems[J]. Between Mind and Computer:Fuzzy Science and Engineering, 1994, 283-324.

[129] 王光远,张淑华,顾平.论完全相关系统的可靠性[J].哈尔滨建筑大学学报,1994,27(1):1-5.

[130] 乔忠,张跃,王光远.关于模糊随机系统的优化问题[J].哈尔滨建筑大学学报,1994(1):6-12.

[131] 王光远,张淑华,顾平.论工程系统的全局优化[C]//第三届全

国结构工程学术会议,1994.

[132] 王光远,顾平.考虑震害损失的抗震结构优化设计[C]//中国地震学会第四届全国地震工程会议,1994.

[133] WANG G Y,QIAO Z. Convergence of Sequences of Fuzzy Random Variables and Its Application[J]. Fuzzy Sets and Systems,1994,63(2):187-199.

[134] WANG G Y,TAN D Y. Application-oriented Method for Fuzzy Random Programming[J]. Fuzzy Optimization,1994,332-250.

[135] 王光远,吕大刚.基于最优设防烈度和损伤性能的抗震结构优化设计[J].哈尔滨建筑大学学报,1999,32(5):1-5.

[136] 王光远.论时变结构力学[J].土木工程学报,2000,33(6):105-110.

[137] 王光远,张鹏.表决工程系统抗地震全局优化设计[J].建筑结构学报,2000(2):28-35.

[138] 王光远,吕大刚,张世海.论结构选型的若干关键问题[J].哈尔滨建筑大学学报,2000(1):1-7.

[139] 吕大刚,王光远,王祖温.信息时代的CAD:计算机集成智能设计系统[J].工程设计CAD与智能建筑,2000(1):38-42.

[140] 吕大刚,王光远.考虑重要性时抗震结构最优设防水准的决策方法[J].哈尔滨建筑大学学报,2000(5):1-6.

[141] 陈艳艳,王东炜,王光远.考虑容量限制的交通系统抗震加固优化决策[J].哈尔滨建筑大学学报,2000(1):8-11.

[142] 齐怀恩,王光远.公路桥梁地基与基础的抗震可靠度分析[J].哈尔滨建筑大学学报,2000(1):12-15.

[143] 殷朝阳,王光远.钻柱动力学有限元分析及室内轴向试验结果对比[J].哈尔滨建筑大学学报,2000(3):6-10.

[144] 张鹏,王光远.新集对论[J].哈尔滨建筑大学学报,2000

(3):1-5.

[145] 张鹏,王光远.机械产品全寿命期价值期望的可靠性优化模型[J].制造业设计技术,2000(8):9-12.

[146] 王光远.论时变结构力学[J].土木工程学报,2000,33(6):105-110.

[147] 吕大刚,王光远.信息融合技术在结构健康智能诊断中的应用研究[C]//国际结构控制与健康诊断研讨会,2000.

[148] WANG G Y, LÜ D G, PING G. Decision-making Method for the Optimal Fortification Level of Aseismic Structures Based on Codes[C]//Proceeding of International Conference Engineering and Technological Sciences 2000 Session 5: Civil Engineering in the 21st Century,2000.

[149] ZHANG P, WANG G Y, LÜ D G. Reliability Analysis of Engineering Structures and Systems with Intermediate State before Failure[C]//Proceeding of International Conference on Engineering and Technological Sciences 2000,2000.

[150] 王光远,季天健,张鹏.抗震结构全寿命预期总费用最小优化设计[J].土木工程学报,2003,36(6):1-6.

# 后 记

我过去没有想到写回忆录。1994 年,上海一个出版社要出一本《院士趣事》而邀我写稿,我写了一篇《艰难的追求》,记述我 13 岁时为了上国立中学而独闯甘肃的事。这篇稿子不仅引起了编辑部很大的兴趣,而且使我的学生、朋友和亲人们深为感动,他们鼓励我写自传或回忆录。为了满足亲友们的愿望,我开始考虑写这本没有公开发表价值的"自述",请我的亲友和后人们想到我这个人的时候阅读吧!

过去我虽然没有写回忆录的想法,但很想总结一下我的教学和科研的经验,也发表过几篇这方面的文章,但总流于"老生常谈",条条框框,干枯乏味。写回忆录是个好办法,我将回顾我的教学工作,并对我所研究过的每一个大的课题,详细叙述它的提出、主要矛盾、解决矛盾、推理、完善、预见和发展的全部过程和思想方法。这样结合具体例子,才能真正说明问题。这些问题可能对我的学生和学生的学生们有一定的参考价值。

这本仅供亲人们参考的自传,题名为《遥远的路》,有两重含义:一重首先就是字面的意义,它将描述我一生所走过的曲折的、坎坷的和幸运的道路;这个题名的另一重意义是《姚远的路》,我在上大学以前的学名叫王姚远,姚音遥,光远是我的小名,姚字常被人误叫成跳、桃、兆等音,所以借考大学的机会,改用小名作为学名。

我的一生在事业上是幸运的。小时候受到了艰苦的锻炼,我所上过的小学、中学、大学和选派的研究生学校都是优秀的学校。青少年时作为学生,我遇到了最好的老师。中年以后作为教师,我又遇到了一大批优秀的学生。这些好的条件和机遇使我有可能做出一些成绩，它们包含了我的老师和学生们的贡献。我感激他们！

我的一生在生活上也是幸运的。从幼年到老年，尽管家庭成员不断地有所变化，但整个家庭的各个阶段一直是温馨的、幸福的。特别是我有一个勤劳的母亲和一个关心我、支持我的善良美丽的妻子，还有三个聪明可爱的女儿和一些非常要好的学生和亲友。我热爱他们！

这本回忆录是1995年8月在英国伦敦的卫星城Watford我三女儿的家里开始写的。当时，我三女儿王孟玫和女婿季天健在英国建筑科学研究院（Building Research Establishment，BRE）工作，外孙季思达刚小学毕业并已进入英国前200个最好的中学之一读书。他们邀请我们夫妻到英国团聚和度假，所以我得到了三个月休假和旅游的生活，这样长的休息对我来说是从来没有过的。休息一段时间后，我开始写回忆录。前后用了一个月的样子，完成了自传的第一部分——求学篇（艰难而幸运的历练），也就是我的青少年时代。

1995年回国以后不久，左眼患"老年性黄斑变性"，其中心视力迅速下降。这是一种不可逆转的没有治疗方法的眼疾，而且这种病是双侧性的，就是说右眼的中心视力迟早也会降低，时间无法判定，最严重的时候不会失明，但两眼中心视力很弱时就无法看书和写字。我决定利用右眼尚好，没有失去工作能力之前的宝贵时间把我已经开拓的几个学术领域进一步探索、提高、完善，并尽可能地使研究成果实用化。2000年春，这个工作基本结束，5年来出版了专著5本，还有两三本将陆续出版。进入2000年后，右眼的中心视力开始下降，这就逼着我重新开始续写我的回忆录，争取尽快写完初稿，在2004年前基本完稿，到我百年之后请孩子们再补一个"后记"吧！

（编者按：本后记由王光远院士完稿于2003年前后）

# 编 后 语

王光远院士是我国著名的结构力学和工程设计理论专家。他治学严谨、科学求实、为人师表、品德高尚,为中国结构力学、结构工程设计理论和土木工程教育事业的发展做出了重要贡献,是中国工程科技界的楷模。

本书的正文自述部分由王光远院士于1995年开始动笔撰写,2003年前后完成初稿,后于2013年前后添加了部分内容。我们在编辑时,保持了王院士的写作风格,仅对个别处做了注释或改动。

为使本书内容更加丰富,我们请王院士的学生和家人,通过他们的视角,从不同侧面,讲述王院士的科学成就、突出贡献、治学态度、家国情怀、教书育人以及师生情谊等方面的感人事迹,作为本书的附录部分。

2023年8月,哈尔滨工业大学组织召开了第一届全国土木工程大系统与全寿命优化学术研讨会暨王光远院士学术思想和科学家精神座谈会。我们辑录了与会专家的部分发言,也放至附录。

附录中,《厚德生光 博学致远——记王光远院士》一文摘自2023年3月16日《中国教育报》第04版:新闻·人物。

王光远院士的亲属——王孟华、王东炜和其学生吕大刚等人提供了很多资料和素材,对整理和编辑本书稿帮助很大。

河南温县王光远院士陈列馆提供了珍贵的访谈视频——《古温之子——王光远》,读者可以手机扫描封底的二维码观看。

中国工程院的有关领导、专家高度重视王光远院士传记的出版工作,对传记的编辑出版给予了全程指导,对书稿内容进行了细致审读,确保了书稿的质量和本书的顺利出版。

衷心感谢所有为这本书的出版付出努力的人们。